Originalausgabe

Umschlaggestaltung und Konzeption:
bei Irina Frider
© für den Text liegt beim Autor Irina Frider
November 2007

Herstellung & Verlag
Books on Demand GmbH
Norderstedt

ISBN 978-3-8391-1457-5

Das Leben

&

Die Freiheit

Vorwort

Dieses Buch entstand durch achtsame, liebevolle und aufmerksame Zusammenarbeit mit mir. Es stand für mich in der Therapie zur Diskussion, mit einer leichten Hypnose zu arbeiten, da ich mich im Unterbewusstsein weigerte an früher zu denken und mich zu erinnern. Dieses ist wichtig für die Therapie, denn nur so kann man effektiv und erfolgreich an sich arbeiten. Da mich der Gedanke an eine Hypnose sehr stark blockierte, habe ich mich hingesetzt und versucht aufzuschreiben an was ich mich erinnern konnte. Zuerst waren dies nur 18 sehr negative Seiten. Damit hatte ich ein falsches Bild meiner Kindheit und Jungend aufgezeigt. Nun machte ich mir eine schöne Zeit daraus die fröhlichen und unsinnigen Taten auch mit aufzuschreiben. So wird dieses Buch von Tag zu Tag dicker und schöner. Oft sitze ich schmunzelnd oder sogar lachend am Schreibtisch wenn mir wieder einmal ein Streich eingefallen ist, welcher unbedingt mit aufgeschrieben werden muss.

Daher ist dieses Buch aus einer eigenen therapeutischen Maßnahme entstanden.

Diese vielen Seiten voller Buchstaben möchte ich, meiner Tochter S.V.H. schenken. Ich hoffe, du kannst mich irgendwann einmal verstehen und vielleicht sogar ein klein wenig Lieb haben.

In diesem Buch möchte ich erzählen wie es zu dieser Krankheit kam, wie ich damit lebte und sie in den Griff bekommen habe.

Ich werde heute nicht mehr von der Krankheit kontrolliert, heute kann ich diese kontrollieren.

Heute bin ich soweit, dass ich sagen kann:

„Die Natur meines Seins, gibt mir die Kraft, den Mut und die Möglichkeit, mein Leben lebenswert zu leben."

Die Borderline-Persönlichkeitsstörung

Ist eine Erkrankung zwischen Neurose und Psychose, daher auch Borderline = Grenzlinie genannt. Menschen mit Borderline können sehr viele verschiedene Symptome haben, Phobien, Depressionen, Stimmungsschwankungen, innere Leere, Ihre innere Welt gleicht der eines Kindes, sie ist in „gute" und „böse" Menschen eingeteilt.

Dies führt zu größeren Problemen mit der Umwelt, da ein Borderliner nicht anerkennen kann, dass ein „guter" Mensch auch negative Seiten haben kann. Borderliner haben ein unstetes Selbstbild und können sich selbst gegenüber sehr gleichgültig sein oder auch sich selber hassen, dies führt oft zu Selbstverstümmelung oder sogar zur Selbsttötung.

Über 40 Jahre wurde ich gelebt, vor gut 2 Jahren war ich, physisch und psychisch, so weit und tief unten, dass ich nun bereit war um externe Hilfe zu bitten und es auch anzunehmen.

Ich wurde im Jahre 1962 unter einem schlechten Vorzeichen geboren. Die Frau, die mich geboren hatte, ließ mich einfach dort allein im Krankenhaus liegen. In späteren Jahren wurde mir dann gesagt, sie hätte gegenüber meinem Vater und seiner Familie gesagt, ich wäre eine Totgeburt gewesen. Somit bin ich im Heim groß geworden. Wobei ich zu der Zeit immer der Meinung gewesen bin, lieber ein gutes Heim als eine kaputte Familie. Im Heim wurde ich gelebt. Von klein auf wurde uns immer wieder gesagt,

„Sage nie das kann ich nicht,,
vieles kannst du willst die Pflicht,,
alles kannst du willst die Liebe
, deshalb dich im schwersten übe."

Dieser Satz, welches mir heute klar ist, ist der größte Müll. Wie kann man dies einem kleinen Kind immer wieder sagen. Da habe ich gelernt, dass nur Leistung zählt. Außerdem war es dann auch so, wir waren viele Kinder dort. Zu viele für das Personal. Sollte ein Kind körperliche Streicheleinheiten und Zuwendung wollen und brauchen, wurde danach entschieden, wer die beste Leistung gebracht hat. Wollte ein Kind neben der Erzieherin sitzen oder sogar kuscheln, war die Rangordnung so, hast du eine gute Note in der Schule, hast du keinen Blödsinn angestellt, warst du lieb und angepasst, durftest du dort sitzen. Dies war dann immer ein Kampf zwischen circa 70 Kindern.

Die Kinder- & Jugendzeit

Da war es doch selbstverständlich, dass ich als kleines Kind sehr schnell lernte was man tun muss damit man die nötige Zuwendung bekommt. So kam es, dass ich erst mit knapp 3 Jahren, angefangen habe zu laufen. Denn wenn ich nicht laufen kann werde ich ja getragen. Es war eine herrliche Zeit. Wir waren einem großen Gutshof angegliedert. Wie schön war es doch mit den vielen Tieren zu spielen. Die kleinen Kätzchen mit einem kleinen Finger zu streicheln. Mit den großen Hunden zu spielen. Die schönen Pferde bestaunen. Und immer gab es was Neues zum sehen und riechen. Jeder Tag war anders. Er roch anders, sah anders aus. Die Straße war so gut wie immer leer. Wir lernten dort Roller fahren. Damals hießen die noch Radelrutsch. 2 Holzlatten auf Rädchen. Immer wieder und immer weiter erschloss sich die kleine Welt für einen. Ich hatte zu dieser Zeit, den aller größten Spielplatz den es gab. Spielten Rennen und Verstecken zwischen Hecken und Bäumen. Wie ist es doch herrlich im Regen die Schuhe auszuziehen und mit Volldampf mit beiden Beinen in die nächste Pfütze springen. Im Sandkasten den nassen Sand durch die Zehen drücken. Sandkuchen und Sandburgen bauen auch mit dem nassen Sand nach einem anderen Kind zu werfen. Sicher es gab immer wieder heiße Tränen, Zorn und Wut auf irgendwen, damit lernt man als Kind ja die Kommunikation und das Respektieren von anderem. Dies war in kurzer Zeit wieder erledigt, denn man sah ja so viel. Es gab so viel zu tun zu erkunden. Mit Schmetterlingen um die Wette rennen. Ganz vorsichtig Raupen streicheln und die Farben die sie tragen zu bestimmen. Die Punkte auf Käfern zählen. Sich Namen für die neuen kleinen Kälbchen und Ferkel ausdenken, und immer wieder den Erzieherinnen eine Nase zu drehen und zu entwischen. Eigentlich hatte ich zu der Zeit nur puren Unsinn im Kopf und doch habe ich da so sehr viel gelernt. Die Farben, die Pflanzen, Blumen, Gräser, in stillen Minuten am Ufer des Baches zu sitzen und den Wellen zusehen wie diese über die Steine sprudeln und springen. Die Beine in das kalte Nass strecken. Die verschiedenen Arten der Tiere. Mit riesigen, großen Augen wissenshungrig, sehr wissendurstig durch den Spielplatz der Natur zu streifen. Alles aufzusaugen wie ein Schwamm. Es war doch wunderschön. Wir hatten einen riesigen Spielplatz, unendliche, aufregende 5x5 Kilometer Spielfläche. Obstbäume, riesige Felder und Weiden und sehr, sehr viele Tiere zum Spielen. Es waren immer viele Kätzchen da, die Hunde, Schweine, Kühe und Pferde. Kranke Vögel, Mäuse und anderes Getier zum mit nach Hause zubringen, damit irgendwer sie dort wieder gesund macht. Man konnte im Bach ein Stückchen weiter unten mit den Steinen und Kieseln spielen. Auch waren immer genügend Spielkameraden da die mit einem spielten, egal was es war. Ob wir mit Fingerfarben, auf dem Hofplatz den Boden bemalen, Rennen, Federball spielen, mit dem Roller oder dem Dreirad fahren. Kinderpuzzles machen. Basteln wir waren da alle immer den ganzen Tag voll beschäftigt. Mit kleinen Wanderungen mit dem Leiterwagen. Auch war man niemals allein, nicht in gesunden und kranken Zeiten. Denn wer sich eine Kinderkrankheit zulegte, steckte im Prinzip immer noch einige andere mit an. Es waren dann meistens 5-7 Kinder gleichzeitig krank. Wir wurden alle in ein Zimmer gesteckt und bekamen viel Besuch von den Gesunden. So gab auch immer lustige und spannende Spiele vom Bett aus. Somit war es sogar sehr schön krank zu sein. Man durfte im Bett herum hopsen ohne geschimpft zu werden. Irgendwie hatten wir, wenn wir krank waren Narrenfreiheit. Da hatte man die volle Aufmerksamkeit der jeweiligen Erzieherin. Sie lasen uns aus den spannendsten Kinderbüchern vor. Meine liebsten Bücher waren, „Die Wurzelkinder und das hässliche Entlein". Da wurde man liebevoll gefüttert. Man bekam feuchte Tücher auf die Stirn und Wadenwickel, wurde gehätschelt und verwöhnt. Bekam den Rücken mit Salbe eingerieben, und der Bauch wurde einem massiert wenn er wehtat. Da wurde extra noch mal geschaut ob man richtig und gut zugedeckt war. Zu dieser Zeit durfte man auch ausnahmsweise sein Lieblingsauto oder Spielzeug mit ins Bett nehmen. Durfte im Bett essen. Was gab es da schöneres als Krank zu sein? Nicht arg viel, wenn man auch maulte, weil draußen die Sonne scheint, und die anderen Kinder alle mit Spielhosen oder Badekleidung bei der Heuernte waren um zu helfen. Offiziell wollte man ja helfen, nur es ist ja bekannt, wenn Kinder bei der Heuernte helfen, brauchte man die doppelte Zeit dafür. Und doch durften wir immer helfen, wurden nie weggeschickt. Dabei haben wir in den Heuballen verstecken gespielt. Ameisen und Käfer gesammelt und sie erst mal zur Seite gestellt. Damit sie dort nicht weglaufen konnten, wurden diesen Tierchen mit Grashalmen dann Pferche kleine gebaut. Dass diese Tierchen dies überhaupt nicht störte und sie sich trotzdem davon machten, konnten wir in diesem Alter gar nicht verstehen. So suchte man dann wieder unter dem frisch geschnittenen Gras nach anderen Tierchen.

Zudem gab es in der Küche 2 wunderbare und ganz liebe alte Schwestern. Diese Beiden bekochten uns Kinder Tag für Tag. Ich selber hatte bei den Beiden einen riesigen großen Stein im Brett. Denn wann immer ich dort vorbeikam, steckte mir eine der beiden Schwestern immer etwas zu. Mal war es eine frisch gekochte kleine Kartoffel, mal ein Stück Gebäck. Immer gab es für mich dort etwas Herrliches zum Naschen. Ich liebte diese beiden Schwestern. Die sich oft sogar in die Haare bekamen, wer mich denn nun lieber hatte. Dieser Geruch, es roch doch immer nach Essen und frisch gebackenem. Die Küche hatte eine sehr große Anziehungskraft für mich. Wenn ich mal Streit oder Zank mit anderen hatte, konnte ich immer dorthin flüchten. Mit einem Keks oder anderem Gebäck war dann die Welt wieder für mich in Ordnung. Sollte ich doch mal erwischt worden sein, beim Blödsinn machen, und mir die Erzieherin auf dem Fuße folgte, fand ich in der Küche immer eine Schürze unter der ich mich verstecken konnte. Die

Schwestern brachten es auch meistens hin, dass ich dann doch nicht gestraft wurde. Wenn ich mal mit verweinten Augen in die Küche kam, gab es sofort ein Trostkeks. Man nannte mich in dieser heimeligen, warmen Zuflucht „gute Maus". Ich wurde dort einfach nach Strich und Faden verwöhnt. Wurde mit Kochlöffeln und anderem Gerät gegen jeden und alles Verteidigt. Kam ein großes Gewitter oder nur ein Unwetter herein, ich hatte meinen Platz am großen warmen Herd. Dieser wurde damals noch mit Holz und Kohle gefeuert. Er war einfach riesig für mich. Immer stand dort eine große Kanne mit ganz frischer und warmer Milch, manchmal wenn ich gar nicht zu beruhigen war, vor lauter kindlichem Schmerz, schöpfte eine der beiden Schwestern ein klein wenig Rahm ab. Klapperte mit dem Schneebesen und gab einen Löffel Marmelade dazu rein. Dies kam in ein kleines Schüsselchen und in kleine Patschhändchen. In meiner kleinen Ecke am Herd, auf einen Holzschemelchen sitzend einen Löffel in der Hand, verspeiste ich mit wohlbehagen diese fruchtige Sahne. Wann immer frisch gebacken wurde, schallte der Ruf durchs Haus, „wo ist meine liebe, kleine, gute Maus?" Sofort rannte ich mit meinen kleinen stämmigen Beinchen in Richtung Küche, ich durfte wieder die Schüsseln mit den Fingern blank putzen. Oft steckte auch der ganze Lockenkopf mit in der Schüssel drin. Nur nichts verschwenden. Diese beiden Schwestern weckten schon sehr früh das Interesse für die Küche in mir, welches ich bis heute mir beibehalten habe. Leider gingen die beiden Schwestern, aus der Küche,

16

kurz bevor ich eingeschult wurde in ihren verdienten Ruhestand. Wir hatten in der nächsten, größeren Stadt einen Rotary Club, sowie eine amerikanische Kaserne die sich immer wieder um uns kümmerten. Von diesen Stellen bekamen wir immer wieder die tollsten und neusten Spiele und Bücher. Die Amerikaner hatten eine tolle Idee. Sie organisierten einmal im Quartal für alle die Kinder die in den 3 Monaten Geburtstag hatten ein super schönes Fest. Es waren alle Kinder eingeladen. Nur die, die Geburtstag gehabt hatten, bekamen extra persönliche Geschenke. Ansonsten gab es halt alle 3 Monate ein wunderschönes großes Volksfest mit Schaukeln, Karussell, Luftballons, Zuckerwatte, echt klebrigen zuckersüßen Kuchen und den echten Minzbonbons aus Amerika. Viel Gegrilltes, eigentlich wurde da echt amerikanisch gefeiert. Für uns Kinder eine vollkommen fremde Welt. Daher sehr interessant. Ich weiß noch wie ich Angst hatte, als wir alle einen Rundflug mit einem der Bananen-Hubschrauber machen durften. Und dieses Kauderwelsch, dieses sich verständigen zu versuchen, zwischen den Amerikanern und uns Kindern. Ich freute mich immer auf diese Feste. Auch der Rotary Club richtete für uns einmal im Jahr ein Sommerfest und ein Weihnachtsfest aus. Da wurde im Vorfeld von den Erzieherinnen aufgeschrieben, wer sich was am liebsten wünschte. Nach dieser Liste wurden wir Kinder dann beschenkt. So hatten wir doch immer viel Neues zum Lesen, Spielen und Anziehen.

Mit ca. 6 Jahren wurde für mich Paten gesucht und ich wurde dann getauft. Ich mochte meinen Patenonkel sehr gerne. Als ich dann die Familie von ihm kennen lernte hat sich mit der Zeit die Zuneigung von ihm zu seinem Bruder gewendet. Ich kam einfach besser mit seinem Bruder und seiner Schwägerin aus. Ich weiß noch, wie ich jeden Nachmittag am Gartentor stand oft über Stunden und schaute wann denn endlich meine mir 2 liebsten Menschen nach Hause kommen. Wenn ich dann sofort hinrannte, nur um superschnell Hallo zu sagen, dann musste ich ja wieder zur Oma und meinem Patenonkel. Nach dem Abendbrot durfte ich dann immer wieder einmal für 1 Stunde zu Onkel und Tante hinüber. Es war ja nicht weit, sie wohnten gleich auf der anderen Seite des Bahndammes. Ich wünschte mich immer wieder viel lieber zu ihnen als dort bei Oma und Pate zu sein. Leider ging das nicht, da meine 2 liebsten Onkel und Tante den ganzen Tag auf Arbeit waren. Wenn es irgend ging, war ich bei den beiden. In meiner Fantasie sah ich mich dann gern als deren Kind. Mit der Zeit konnte ich dann nicht mehr zwischen meine Wünschen und der Realität unterscheiden. Meine Wunschvorstellung wurde für mich einfach Wahrheit. Meine Fantasie malte sich ein Leben in dieser Familie aus. Die ich dann auch jedem erzählte. Es war mir niemals klar, daß dies gar nicht stimmte. Es war einfach meine Wahrheit. Ich glaube heute, daß es damals Anfing und ich dieses Problem hatte in der Realität zu leben. Wodurch meine Wunschvorstellungen einfach auch meine eigene

Realität war. Ich denke dies war für mich die allerschönste Zeit in meinem Leben.

Mit knapp 7 Jahren, habe ich den ersten Schock meines Lebens erfahren müssen. Meine Bezugsperson hatte sich beruflich anderweitig orientiert. Sie ging weg. Hat eine andere Arbeitsstelle angenommen. Was ja ihr gutes Recht war. Nur wie es uns Kindern dabei ging? Ich konnte es einfach nicht verstehen. Gab mir die Schuld daran. Wollte nur noch braver und lieber sein. Mich noch mehr krümmen. Pst leise sein. Nicht auffallen, mit allen anderen mit schwimmen. Vielleicht wenn ich ganz doll lieb bin und mich anstrenge, vielleicht kommt sie ja dann wieder zurück zu uns. Sie kam nicht wieder zurück. Sie kam auch nur am Anfang noch zu Besuch, was immer, immer weniger wurde. Wenn ich mich nicht selbst bei ihr meldete, kam nichts mehr von ihr aus. Ich konnte es einfach nicht verstehen. Sooft es ging, habe ich bei der Heimleiterin gebettelt anrufen zu dürfen. Dazu musste man immer mit ins Büro, sonst gab es kein Telefon im Hause. Dann saß noch eine Erzieherin dabei um zu hören was so gesprochen wird. Denn dies musste ja dokumentiert werde, denn alle paar Monate musste ein Entwicklungsbericht geschrieben werden. Der Vormund in dem jeweiligen Jugendamt konnte sich dies dann durchlesen, und anhand dieser Berichte wird entschieden ob man in die Ferien, zum Schulausflug oder ins Schullandheim mitfahren durfte. Da wurde auch geschaut wie groß und schwer man geworden ist, denn jedes Kleidungsstück, jedes paar Schuhe musste dann beim zuständigen Jugendamt beantragt werden.

Dann kam eine Schwester in Ordenstracht. Jemand total anders als meine Bezugsperson das vorher war. Diese „Neue" hatte da irgendwie keine einzige Chance mehr bei mir. Diese Frau so ganz in grau, das war so trist, das mochte ich nicht. Wenn man krank war kam sie in einer weißen Tracht und am Sonntag mussten wir, die speziell angeschafften Sonntagskleider, anziehen und sie kam dann in einer schwarzen Tracht. Das war so bedrückend. Ich wollte diese Schwester nicht in meiner Nähe haben denn, für mich als Kind, war sie ja Schuld, dass ihre Vorgängerin gegangen war, bzw. dass ihre Vorgängerin nicht mehr zurückkommen konnte. Zur gleichen Zeit wurde ich dann auch eingeschult. So hatte in innerhalb weniger Wochen 2 für mich sehr einschneidende Ereignisse zu verarbeiten.

Wie soll ein kleines Mädchen das alles verstehen können? Soviel Neues. Soviel neue Leute. Denn ich war ja nie in keinem öffentlichen Kindergarten, daher kannte ich meine ganzen Mitschüler noch nicht. Dies war eine sehr schwere Zeit für mich.

Doch gab es auch immer wieder schönes. Man lernte spielerisch. Man lernte teilen und streiten. War nie wirklich allein. Da gab es viel Unfug und Unsinn zu machen. Der Schulweg war lang und doch für uns eigentlich weniger. Ich hatte das Glück in dieser Zeit, wir wurden zu fünft eingeschult. Ich werde das Foto nie vergessen, wie wir 5 dort nach der Größe sortiert an der Hauswand standen. Jeder hatte seine Schultüte im Arm. Dort gab es in den tiefen, Tiefen ein Mäppchen mit Stiften, Wachsmalkreide und das erste linierte Heft. Eine kleine Tüte mit Kaubonbons und eine Tafel Schokolade, dann noch Nüsse und Äpfel, und als Freude ein kleines Buch für die Freizeit. In den Sonntagskleidern standen wir da. In kurzem Kleid, weißer Strumpfhose und geschnürten, festen Schuhen. Da wir ja zu 5 waren, hatte ich immer Spielkameraden die mit mir den langen Weg zur Schule gingen. Wir verbrachten diesen Weg einfach spielend. Ich weiß nicht, wie oft wir überhaupt im ersten Jahr pünktlich in der Schule ankamen, die Tante in der Schule wartete meistens gar nicht mehr auf uns. Die Dorfjugend war generell gegen uns, da wir ja immer eine extra Wurst gebraten bekamen. Nur an den Tagen wenn, es ohne unterlass Regnete und wir mit dem Auto zur Schule gebracht wurden waren wir pünktlich zur Stelle, denn ansonsten gab es an der Straße soviel zu sehen und zu bestaunen. Da musste man Schnecken und Raupen vor den Autoreifen retten. Kleine Frösche über die Straße tragen. Schmetterlinge einfangen. Das Lied der Bienen lernen. Wer dachte da schon an die Schule? Im Winter welch ein Spaß, wir warteten unten an der Straße, dass ein Auto kommt. Dann setzten wir uns in den Kofferraum, damit das Auto die Steigung gut hochkam. Oben angekommen setzten wir uns auf unsere Tornister und flitzen in hohem Tempo wieder den Berg hinunter. Wir brauchten da keine Schlitten, wir fanden immer einen Weg zum spielen. Auch gab es bei 5 Kindern immer einen kleinen Wortwechsel. Der dann gern mit Dreck oder Schnee werfen ausgetragen wurde. War es einfach nur warm im Sommer, legten wir uns auf ein Stück Wegesrand und schauten den Wolken zu. Zählten die Farben der Bienen und Schmetterlinge. Freuten uns über jeden Vogel der über uns flog. Zogen Schuhe und Stümpfe aus und liefen Barfuß durch das frische Gras. Legten einen Grashalm zwischen die Finger und versuchten mit dagegen blasen einen Ton hervorzubringen. Im Herbst haben wir die verschiedensten bunten Blätter, Halme und Gräser gesammelt und sie dann daheim getrocknet. Wenn sie gut ausgetrocknet waren, konnten wir sie in Granulat legen und damit die schönsten Mobiles machen.

Wir Heimkinder brauchten keinerlei Zoobesuche, keine Auslandsurlaube oder sonstiges. Wir hatten ja den größten Abenteuerurlaub daheim auf dem Hof. Ja wie oft hatten wir Streit mit den Dorfkindern. Damals wurde immer zu den Dorfkindern gesagt, spielt nicht mit den Heimkindern, die sind alle von Pennen, Verbrechern und Huren. Man wusste es ja nicht anders. Deshalb haben die Dorfkinder uns beneidet über den doch so tollen und großen Spielplatz den wir Heimkinder hatten. Der von uns Heimkindern auch mit Mistgabel und Harke bis aufs Blut verteidigt wurde. Da wurden richtige Termine ausgemacht. Wir hatten da ja einen Grenzpunkt wurde der von einem Dorfkinder überschritten gab es Prügel von uns.

Immer wieder bekamen wir dann Zuhause die Abreibung. Weil man tut ja den anderen nichts die uns nichts getan hatten, und die Straße war ja eine Öffentliche. Denn wenn sie in der Schule nicht mit uns reden und spielen, dann ließen wir das nach der Schule auch nicht zu. Wir waren uns genug. Wir waren eine eingeschworene Gemeinschaft. Alle für einen, auch wenn es wer war, den man daheim doch zu gern gepiesackt und vermöbelt hat.

Irgendwann bekamen wir eine Tischtennisplatte, in den Hof, fest aufgebaut. Wie war das doch schön. Als dann 6 Kinder um die Platte rannten. Immer dem kleinen Ball hinterher. Ich weiß es noch ich hatte damals ein Bein im Gips. Woher? Keine Ahnung, es war halt so. Das Spiel endete dann damit, dass wir alle uns vor Lachen in den Blumenrabatten kugelnd wieder fanden. Auch war es schön mit Fahrrad, Roller oder Dreirad Rennen um die Platte zu fahren. Fange zu spielen. Oft kamen dabei die leichten Platzwunden und blaue Flecken davon. Heute frage ich mich, wie oft musste unsere Heimleiterin mit irgendeinem Kind ins Krankenhaus fahren? Hatte sie denn überhaupt noch Zeit für anderes? Bei dem wilden, verrückt übermütigen Haufen an Kindern? Ich gehe mal davon aus, dass wir alle zusammen doch sehr anstrengend waren. Deshalb war von 13-14.30 Uhr Ruhe im Hause angesagt. Wenn man nicht gerade Mittagschule hatte, war man in seinem Zimmer und beschäftigte sich leise. Das hieß dann, malen, lesen, Handarbeiten machen. Da gab es niemanden der durchs Haus rannte. Doch irgendwie hatten wir alle eine innere Uhr, denn plötzlich gingen alle Türen auf und wir tobten umso lauter.

Das Fahrrad fahren lernen war auch so eine Aktion. Pah, Stützräder, wer braucht das denn? Ich doch nicht. Mit einer Hand wurde sich an der Gartenmauer festgehalten und so wurde gelernt. Dann nach einiger Übungszeit wurde in Schlangenlinien und super wackelig gezeigt was man kann. Und prompt passiert wieder etwas. Weiß es bis heute noch nicht wie dies sein konnte, nur hatte ich plötzlich das Ende der Lenkstange unter dem Kinn tief in der Haut. Wie immer halt ein kleiner, dummer, nicht zu vermeidender Unfall. Und wieder ging es mit Höchstgeschwindigkeit in das nächste Krankenhaus zum nähen. Da ich ja schon immer ein kleines und dickes Kind war, sagten die anderen schon mal zu mir, du kommst niemals auf den Baum. Doch! Ich kam da sehr gut rauf, nur nicht mehr alleine herunter. Da wurde von unten gebettelt und getauscht. Die anderen Kinder versuchten mich zu bestechen damit ich wieder herunter kletterte. Die meinten doch wirklich ich würde da mit Absicht nicht mehr runter kommen. Doch ich wollte so gern wieder auf den Boden, leider konnte ich mich einfach nicht mehr bewegen dort oben. Denn sobald ich mich bewegte knackte es irgendwo in dem großen Nussbaum. Dachte da, jetzt ist es aus, jetzt stürzt du von so weit oben ab. So musste dann die Feuerwehr gerufen werden, die netten Männer, die mich dann vom Baum holten. Man siehe, nicht nur Katzen müssen von hoher Höhe retten. Zum Glück hatte ich mein „Rädle" wie ich sagte, ein kleiner Airedale Terrier, dieser war auf einem keinen Brett festgemacht mit 4 Rädchen und einer Schnur damit er mit mir überallhin mitlaufen konnte. Dieser kleine Stoffhund hat mir immer zugehört, er ging nicht weg, war immer da für mich. Dann hatte ich noch eine kleine Puppe, mein Schlummerle, mit weichem Stoffkörper und auch sie war immer mit mir unterwegs. Leider nur solange, bis ich einen der Jungen wohl sehr geärgert hatte, denn er nahm mir mein Schlummerle weg und machte sie kaputt. Es war der schlimmste Anblick meines bis dahin kurzen Lebens. Da hatte er mit einem Messer den weichen Körper aufgeschnitten und die ganze Watte quoll heraus. Von da an habe ich mein Herz an fast nichts mehr gehängt. Denn es wird ja kaputt gemacht wenn man mit einem anderen Streit hat.

Irgendwann gab es mein Lieblingsobst, es gab Orangen, und ich kleines Dummes wollte einfach 2 Orangen haben weil diese mir doch so gut schmeckten. Jeder bekam 1 Orange und so nahm ich mir heimlich eine weitere. Dabei wurde ich erwischt und bekam als Strafe dann eine ganze Weile kein Dessert, ich musste immer so lange am Tisch sitzen bleiben und zusehen wie alle anderen diese Leckerei gegessen haben. Auch musste ich direkt nach dem Diebstahl in die Waschküche, dort bekam ich jede Menge Orangen vorgesetzt. Ich musste im Beisein einer Erzieherin immer weiter essen. Die Orangen wurden mir sogar geschält. Immer weiter essen, selbst als es mir schon sehr übel war. Da gab es keine Pause und keine Gnade. Diebstahl wird bestraft. Ich musste Orangen essen bis ich sie mir wieder erbrach. Das war hart. Bis heute kann ich einfach keine Orangen mehr essen. Ich versuche es zwar immer wieder einmal, nur bekomme ich sofort einen Kloß in den Hals. Ich kann dann einfach nicht schlucken. Wenn ich mich dann doch mit viel Überredung, dazu bringe einen Bissen zu schlucken, muss ich ihn doch sofort wieder erbrechen. Heute denke ich oft, ob es denn keine andere Straf-möglichkeit gab als dies so zu tun. Denn wenn man nicht lieb gewesen ist, musste man entweder in sein Zimmer und dadurch ausgeschlossen von der Ge-meinschaft, oder man musste zusehen wie die Gemeinschaft etwas unternahm und man nicht dabei sein durfte. Zu wissen man muss auf einem Stuhl im Flur sitzen, während die anderen lieben Kinder im Zimmer sitzen und Lassie oder Daktari ansehen durften. Dabei waren die gar nicht so lieb, sie waren nur schlauer als ich, da sie sich nicht erwischen ließen. Wir waren doch Kinder, wie soll ein Kind so etwas verstehen? Das geht nicht! Auch wurde immer wieder gesagt zu uns Kindern wenn wir einen Unsinn gemacht hatten, wenn du nicht lieb bist und dies in Zukunft unterlässt habe ich dich nicht mehr lieb. Denn lieb haben kann man nur „liebe" Kinder, nicht so jemanden wie dich, wo wir immer nur Ärger mit haben. Als Kind verbiegt man sich dann, verleugnet sein eigenes Sein. Wenn dies alles nichts bringt und keine Zuneigung und liebevoller Streicheleinheiten bei einem selbst ankamen, so zog man sich zurück. Wenn man vor Einsamkeit anfing gegen die Mauern zu laufen und keiner bemerkt es auch nur. Niemand darf sehen wie schlecht es einem ging, wie einsam man unter all den andern doch war. Man zeigt keinerlei Gefühle mehr, man zeigt nicht mehr was einem lieb und teuer ist, denn es kann ja von einem anderen Kind gegen dich verwendet werden. Zu dieser Zeit habe ich angefangen unwissentlich mich selbst und andere zu belügen, was ich heute weiß, damals wusste ich es nicht. Ich war immer sehr verletzt, weil man mich immer als Lügner hinstellte. Immer wenn ich voller Freude erzählte, ich dürfte in den Ferien zu „meinen Eltern" wurde ich dann mitleidig angeschaut. In den Augen der Anderen sah ich das Mitleid, die Ungläubigkeit, dass ich an so etwas glaube. Immer einsamer und alleine wurde ich dann, denn ich konnte diese Gefühle in den Anderen nicht sehen. Ich wurde immer und immer wieder als Lügner hingestellt. Dabei habe ich doch gar nicht gelogen. Nicht zu diesem Zeitpunkt damals. Ich wusste es doch nicht anders. Keiner wollte mehr mit mir spielen. Keiner wollte mehr etwas mit mir zutun haben. Denn ich lebte ja nicht mehr in dieser Welt, ich lebte doch ganz in meiner eigenen, mir selbst gebauten, wundervollen und schönen Welt versponnen. Durch diese Kälte der Anderen mir gegenüber habe ich angefangen gegen Mauern zu laufen. Ich brauchte einen anderen Schmerz, damit ich den in meinem Inneren nicht mehr so sehr spürte, denn nur wenn ich blute oder aufgerissene Haut habe, darf ich Schmerzen haben, dann konnte ich es einordnen vor mir selbst. Denn wie soll ein Kind wissen was psychische Schmerzen sind? Ich habe umgestellt, und konnte dann nur noch fühlen was ich sah.

Irgendwann kam ich mal früher von der Schule nach Hause, oder war ich ganz daheim an dem Tag? Ich weiß es nicht mehr genau, kann mich nur noch erinnern, ich sah einer Erzieherin zu wie sie den Speisesaal ausfegte. Da meinte ich doch, ganz patzig und unverständig, was tut ihr denn, den ganzen Tag? Wo kommt denn der ganze Dreck her? Habe diese liebe Frau damit sehr verletzt. Denn sie hat doch nur sauber gemacht. Doch als Kind konnte ich nicht sehen was so viele Kinder für einen Dreck machen, die Relationen von viel und wenig oder groß und klein kannte ich noch nicht. Dafür durfte ich dann eine ganze, für mich sehr lange, Zeit das komplette Treppenhaus putzen. Was sehr viel und groß war, 4 Stockwerke und sehr breit. Erst einmal hinunter kehren dann wischen. Und immer wieder lief mir irgendwer durch das nasse Treppenhaus ob es mit Absicht oder ausversehen war sah ich nicht, für mich war es reine Schikane. Da dann die Treppe, durch die staubigen Schuhabdrücke, wieder schmutzig wurde, fing ich von vorne an. Solange bis ich mit mir zufrieden war und es der Schwester zeigen konnte.

Wir hatten ein kleines Stück vom Haus entfernt einen kleinen Fluss. Meist führte er auch Wasser. Da lernte ich schwimmen, oder wenigstens den Kopf über

Wasser halten. Unser Nachbar, der auch Fischer war, hatte dort immer seine Reusen drin. Wir Kinder gingen dann immer wieder hin und leerten diese. Wir konnten doch nicht zulassen, dass die lieben Fische tot gemacht werden. Auch machte es einen irren Spaß, die kleineren Kinder zu ärgern, indem man auf der Brücke in die Mitte stand und anfing zu schaukeln. Wenn man durch die Planken sah, konnte es einem da schon sehr schwindelig werden. Wie oft bin ich von dieser Hänge- brücke ins kalte Wasser gefallen. Dann hieß es sich in die Sonne legen, denn sonst kam wieder nur Schimpfe daheim. In der Verstrebung der Brücke konnte man sich auch sehr gut als Kind verstecken, dort wurde man nicht gesehen. Keiner dachte auch nur im Entferntesten daran, dass dort jemand sein könnte. Auf der anderen Seite des Tales ging eine Straße hinaus, diese windet sich über einige Kilometer in Serpentinen nach oben. Neben dieser Straße war eine wunderschöne und doch sehr steile Wiese mit vielen Obstbäumen. Dort wuchsen immer die ersten Veilchen, Zillas und Schlüsselblumen. Diese waren so herrlich satt in den Farben, dass wir sie oft nach den Farben der einzelnen Blumensorten pflückten. Weiß, Lila, Hellblau, Dunkelblau, Gelb und Orange, wie oft kam ich mit den Armen voll davon zurück ins Heim. Da hatten wir ab und an auch Eierbecher dabei, damit wir die Länge der Blütenstiele abmessen konnten. Dann hieß es wieder, was hast du schon wieder angestellt? Warum kommst du mit soviel Blumen heim? Kann denn ein Kind nicht nur aus Freude an der Freude Blumen pflücken? Auch liefen wir immer wieder den Berg hoch, legten uns oben der Länge nach hin und kugelten die Wiese wieder hinunter. Ein wunderbarer Zeitvertreib. Nur musste man aufpassen dass man rechtzeitig bremste und nicht im Bach landete.

Ein tolles Spiel war auch für uns, auf den Steinen im Bach von einer Seite zur anderen zu hüpfen. Oft rutschte man aus und war patschnass. Dann wurden Rennen veranstaltet damit im Wind die Kleidung wieder und schneller trocknete. Man konnte ja schlecht nass nach Hause kommen. Bei diesen Streifzügen durch die Natur fand sich so manch schönes Schneckenhaus. Das lag da, ganz allein und leer. Solche schöne Dinge der Natur musste ich mitnehmen. Denn sie zeigten mir doch, dass nicht nur ich alleine und verlassen bin. Selten fand ich etwas ganzes Unbeschädigtes. Mir gefielen die verblühten oder geknickten Blumen viel besser als die gesunden. Ich erfreute mich an defektem viel mehr als an schönem Ganzen. Ich suchte unbewusst nach kaputten Dingen in der Natur. Mein Sammelsurium dieser Dinge wurde immer mehr. Ich kämpfte mit allen Mitteln, mit beißen, schlagen und kratzen wenn irgendwer etwas davon wegwerfen wollte oder eins der anderen Kinder meine gesammelten Schätze zerstört. Da ich mir nie sicher war, was ich noch finden würde wenn ich von der Schule heimkam, habe ich mir eine Höhle gesucht, diese mit Steinen ausgelegt damit nichts meine Schätze zerstören konnte. Dann habe ich alles was noch da war dorthin gebracht. Immer wieder hab ich da nachgeschaut. Es neu sortiert und mich daran erfreut. Leise und so, dass niemand etwas mitbekam, sonst wird es mir ja wieder weggenommen und dieses konnte ich ja auf keinen Fall zulassen. Wir hatten auch immer wieder Wettstreite, bei uns war ein Förster der brauchte immer sehr viele Kastanien und Eicheln zur Winterfütterung. Wir haben diese Tütenweise gesammelt und ihm gebracht. Dort wurde gewogen und wir bekamen dann ein klein wenig Geld dafür und durften auch mal zu zweit oder dritt mit in den Wald wenn der Förster zum füttern oder nach den Tieren schauen ging. Aus Nussschalen und Blätter haben wir die schönsten Boote für den Setzkasten gebaut. Im Herbst und Winter, wenn man nicht mehr so raus konnte, haben wir aus Mehl und Wasser einen Kleber hergestellt, aus Luftballons und Papierschnipseln Laternen gemacht. Wenn alles trocken war, ließ man die Luft aus dem Ballon. Auch alte Käseschachteln Pergamentpapier konnte man tolle Laternen machen. Jeder malte diese nach seinen Vorstellungen mit Wachsmalkreide oder Buntstiften an. Manchmal beklebten wir dieses weiße Pergamentpapier auch mit den dunklen vielfarbig, getrockneten Blättern und Blüten.

Als ich 11 Jahre alt war, kam ich schon in die Pubertät. Leider! Von der Schule wurde ich nach Hause geschickt. Als ich dort ankam, gab es die ersten Schläge die ich nicht einordnen konnte, da ich ja nichts getan hatte. Ich war so sehr durcheinander und hatte ja überhaupt keine Ahnung was mit mir los war.

Ich dachte irgendwie ich müsse demnächst sterben. Und dafür bekomme ich auch noch Schläge mit den Worten „Du altes Ferkel, wie kannst du dich nur getrauen so herum zu laufen?" Dabei wusste ich ja überhaupt nicht was mir gerade passiert. Ich hatte Schmerzen ohne Ende, eine irrationale Angst ich könnte an dem vielen Blut sterben und keiner war da der mich beruhigen konnte. Von diesem Tag an musste ich immer, meistens schon einen Tag vorher, liegen wenn mein monatliches Übel kam. Oft sogar war es so schlimm dass ich in die Klinik musste. Zudem wurde ich dann auch aus den Gemeinschaftsräumen verbannt. Warum? Damals hatte ich keine Ahnung, mir wurde nur gesagt ich solle einfach mich daran halten. Und da ich ja nur gelernt hatte, dass nur blinder Gehorsam und Leistung zählt, habe ich mich gefügt und war unter sehr vielen plötzlich einsam, allein und verlassen. Denn keiner Versteht mich, keiner hat Zeit um zuzuhören. Ich denke zu dieser Zeit habe ich angefangen meinen eigenen Körper zu hassen. Damals fing es dann an ich musste immer wieder in das Krankenhaus aus unerklärlichen körperlichen Schmerzen. Ich habe damals einfach mein „Frau" werden abgelehnt.

Irgendwann in dieser Zeit habe ich festgestellt, wenn du böse bist, zornig und wütend, dann wirst du bestraft. Nun ich wurde lieber bestraft als keine Aufmerksamkeit zu bekommen. So wurde ich dann auch zwangsläufig als schwer erziehbar eingestuft. Es war mir alles so etwas von egal, Hauptsache man nahm von mir Notiz zwischen all den anderen. So konnte es schon mal passieren, dass ich mir den Arm selbst brach, die Finger hinter der Türe in den Rahmen legte und die Türe dann zuschlug, oder morgens zum Frühstück kam und plötzlich nur noch Zotteln auf dem Kopf hatte weil ich mir die Haare super kurz abgeschnitten habe. Ich stahl, log und prügelte mich ohne ersichtlichen Grund. Da kam dann immer ein Kinderpsychologe zu mir. Ich mochte diesen Mann eigentlich, oder anders gesagt der Mann hatte weniger Eindruck auf mich gemacht, dafür sein Auto umso mehr. Ein knallig roter Porsche war das. Oh wie gut kann ich mich an dieses herrliche Auto erinnern. Nur es kam wie es kommen musste. Dieser Mann war mit meiner Lehrerin verheiratet und wie es so ist und auch sein sollte, reden Eheleute miteinander. Er erzählte alles, meine Probleme, meine Nöte und Sorgen, alles was ich ihm anvertraut hatte, seiner Frau. Als ich einmal wieder sehr aufsässig in der Schule war, sagte sie „Wer in dem Alter noch in das Bett macht sollte doch besser ganz ruhig, klein und friedlich sein" und das vor der kompletten Klasse. Von diesem Moment ab habe ich mit dem Psychologen kein einziges Wort mehr gesprochen. Es ging nicht. Auch im Unterricht bei dieser Frau konnte ich nicht mehr mitmachen. Ich saß dann immer nur in Gedanken versunken und apathisch bei ihr im Unterricht. Fand immer wieder ein Plätzchen wo ich mich verstecken konnte wenn sein Auto in der Einfahrt auftauchte. Sollte ich ihm mal nicht entkommen können, so zog ich mich in mich und meine eigenen Tiefen zurück. Ich hörte und sah dann nichts. War zwar anwesend und doch nicht da. Niemals konnte ich mit diesem Mann noch einmal reden. Ich hatte ihm Vertraut, hatte ihm meine kindlichen Sorgen und Nöte erzählt. Dachte ich doch wirklich er würde sich um mich kümmern weil er mich mag. Wie sollte ich auf den Gedanken kommen, dass er damit sein Geld verdient? Als Kind hat man so abgeschirmt wie wir waren, keine Ahnung. Ich konnte von diesem Vorfall und diesem Vertrauensbruch niemandem erzählen. Wie sollte ich auch? Ich log ja immer wieder und das schon so lange, wie sollte mir denn dann überhaupt jemand glauben. Er war ein studierter Mann und ich nur ein kleines Kind. Er hatte sein Diplom und ich nichts, nur eine vorlautes Mundwerk und eine verstocktes Verhalten. Zu dieser Zeit fing ich dann auch an mit Rauchen. Reiner Trotz und Rebellion.

Oh meine Gruppenleiterin hatte sich da an etwas Feines erinnert als Strafe und um mich vom Rauchen abzubringen. Sie ging in die Stadt und besorgte eine Stange der stärksten Zigaretten die sie bekommen konnte. Dann musste ich in die Waschküche, durfte erst wieder heraus als ich die ganze Stange aufgeraucht hatte. Mir war Tagelang nur übel. Ich habe da mehr erbrochen, als jemals in meinem Leben bisher. Mit jeder Strafaktion von dieser Frau, hasste ich sie mehr. Je mehr sie strafte, desto ungezogener und aufsässige wurde ich. Diese Frau schafft mich nicht! Die bekommt bei mir kein Oberwasser. Wie ich mir damit

34

jedoch am meisten schadete nahm ich gar nicht wahr. Es war einfach Krieg zwischen uns. Wenn sie mit mir schimpfte, wenn sie versuchte im Guten mit mir zu reden, oder wenn sie auch mal lieb zu mir sein wollte, habe ich sie ausgelacht, verhöhnt und verbal versucht fertig zu machen. Diese Frau bekam einfach keinerlei Zugang zu mir.

War man unartig oder hatte etwas angestellt, dann war Strafe immer schnell da, da durfte man dann in den Ferien nicht „nach Hause". Man musste mit den elternlosen Kindern irgendwo mit hin. Für mich war dies eine sehr harte Strafe. Nur eigentlich waren es doch Ferien, nur woanders. Da ging es dann in den Schwarzwald oder ins Fränkische. Dort ging man in den Wald Häuser aus Laub und Moos bauen. Dort gingen wir mit alten Milchkannen ausgestattet in die Heidelbeeren. Welch ein Spaß. Heute frage ich mich ab und an, wie haben die Erzieherinnen uns da nur jemals wieder sauber gebracht? Wenn es regnete saßen wir zusammen und machten große Puzzles. Bastelten mit Seidenpapier, mit Emaile oder Granulat. Auch die schönsten Perlenketten und Mobiles hatten wir dort gemacht. Es gab immer wieder vieles zu tun. Die neusten Bücher wurden dahin mitgenommen. Das war auch immer wieder ein Streitpunkt. Wie oft hatte ich gebettelt ein Buch mit in meine Ferien nehmen zu dürfen. Es wurde nie erlaubt. Ich konnte sie nie als Erste lesen.

In diesen Ferien waren wir maximal zu 8. Es war herrlich nur so wenige zu sein, nicht immer mit allen anderen konkurrieren müssen. Bei maximal 8 Kindern bekam man als einzelner doch mehr Zuwendung. Jeder der Großen nahm sich eines der Kleinen an. Zeigte im die Umgebung half ihm beim Anziehen und Baden. Jeder spielte mit Jedem. Es war eine wundervolle Gemeinschaft. In dieser Zeit gehörten die Abende, nach dem Abendbrot, jedem selbst. Da durfte man im Haus machen was man selbst wollte. Ob puzzeln oder lesen, Musik hören oder schlafen. Es war jedem seine Zeit. Wenn es einmal, ein Sommergewitter oder starken Regen gab, setzte sich die Erzieherin mit uns in der Ferienwohnung hin. In einem Sessel saß sie dann, wir alle darum herum. Auf den Lehnen, auf dem Boden an sie gelehnt, und sie las uns dann aus dem Jugendbuch des Jahres vor. Mal war es Krabat mal Momo, oder auch der kleine Prinz, die kleine Hexe, es war egal. Es war nur schön. Am schönsten waren die Abende, die wir mit Mensch Ärgere Dich, Mühle, Halma, Domino, Elfer Raus, Monopoly oder Memory verbrachten. Auch durften wir abwechselnd in diesen Ferien selbst kochen. Waren für die Sauberkeit der Küche und Zimmer selbst verantwortlich da so wenig wie möglich Personal mitgenommen wurde. Die hatten in dieser Zeit ihren Urlaub. Wenn wir nach 3 Wochen wieder ins Heim zurückkamen, wurden wir an den schönsten und heißesten Tagen ins Freibad gefahren, da kamen wir dann alle gleichzeitig an, die größeren Kinder waren mit dem Bus gefahren die kleinen durften im

Auto mitfahren. Da gab es dann Kannenweise kalten Tee, und immer einen super leckeren Kartoffelauflauf mit Würstchen. Dieses im Freien am Pool essen war jedes Mal ein Fest für uns. Dort machten wir dann auch unsere Schwimmabzeichen und den Lebensretter. Die Großen hatten dann abwechselnd immer mal wieder Beckendienst. Da ich sehr gut mit Babys und Kleinkindern konnte, durfte ich immer öfter das Babyschwimmen übernehmen. Musste deshalb nicht am Beckenrand stehen. So hatte ich immer Samstagmorgens meine 2-3 Stunden Schwimmen.

Als wir dann älter wurden, liefen wir natürlich immer weiter in die Felder und Wiesen hinein. Dort musste dann die weitere Umgebung erkundet werden. Da gab es auf der anderen Seite des Baches einen großen Steinbruch. Man war der Interessant. Dieser Steinbrauch hatte hauptsächlich unser Interesse weil es strengstens Verboten war dorthin zu gehen. Dabei konnte man dort doch so toll Verstecken spielen. Die ganzen vielen Höhlen und Spalten die dort hineingesprengt waren. Wie toll war es doch, in einer dieser zu sitzen um zuzusehen wie sie die Lastwagen beluden und diese dann in einer riesigen Staubwolke den Steinbruch verließen. Keiner der Bauarbeiter kam jemals auch nur auf den Gedanken die Baufahrzeuge abzuschließen. Denn es gab ja keinen richtigen Weg von unserem Heim dorthin und die Zufahrt war, wenn man den regulären Weg ging, circa 15 Kilometer weg. Doch Kinder haben eine sehr rege Fantasie und finden überall einen Weg dorthin wo sie hin wollen.

Da war es dann einen Spaß die Fahrzeuge einzuschalten und woanders hinzufahren. Dass wir dabei in akuter Lebensgefahr schwebten, sahen wir nicht. Es machte einfach nur einen irren Spaß. Wenn dann am anderen Morgen die Arbeiter zur Arbeit kamen wo sie ihre Schlüssel und die dazugehörende Fahrzeuge suchten. Die wir Teilweise so dicht an den Abgrund gefahren und geschoben hatten, wobei man sie eigentlich nicht mehr berühren konnte ohne dass diese abstürzten. Und es ging dort sehr tief runter in ein fast trockenes Flussbett. Wir machten uns einen Spaß daraus zwischen den Bäumen, Büschen und Steinen diesen Steilhang hochzuklettern. Es war jedes Mal ein Kraftakt und eine Herausforderung. Ich schaffe es, ich will dazu gehören irgendwie also auf geht's lass dich nicht hängen.

Einer meiner liebsten Wege, wo ich allein sein konnte und träumen, war direkt am Wasser entlang. Über Stock und Steine, oft an eine Steilwand gepresst laufend. So kam ich in kürzester Zeit in die nächste Ortschaft. Dieser offiziell nicht vorhandene Weg ging immer am Wasser entlang bis in die nächste große Stadt. Bis man dort war, lief man durch 2 Täler hindurch. Dies war der kürzeste Weg auch von der Schule bis nach Hause. Wenn man also den Bus verpasst hat, nach der Schule, konnte man auf diesem Weg zur gleichen Zeit daheim sein wie wenn man mit dem Bus gefahren wäre. Wenn ich mich nicht sehr arg täusche, wusste niemand von diesen Ausflügen von mir. Auf halber Strecke ab es einen Bergwerksstollen, dort konnte man sich wunderbar verstecken. Die Erwachsenen haben erst Jahrzehnte später davon erfahren. Da wurde dieser Stollen sofort gesperrt und verriegelt. Ich fand dort auch Fossilien, versteinerte Schnecken und Raupen die ich dann immer ganz stolz mit nach Hause brachte. Dort wusch ich diese Schätze dann sehr sauber. Zeigte sie in die Runde und alle zusammen waren wir dann am rätseln wie alt diese Dinge wohl sein konnten. Irgendwer brachte immer wieder etwas mit nach Hause. Es war so spannend, wenn dann nach dem Abendbrot jeder seine gesammelten Schätze auspackte und zeigte. Jeder auch eifersüchtig seine Schätze hütete. So toll wie es auch war, als wir uns verschiedene Geheimsprachen ausdachten. Damit wir miteinander reden konnten ohne das Andere, die es nicht sollten, uns verstanden. So entstanden immer wieder kleine Grüppchen in der großen Gruppe. So gab es kleine Kriege und handfeste Streitereien zwischen den Grüppchen.

Als ich dann 12 Jahre alt war, kam heraus, mein leiblicher Vater hat herausbekommen, dass ich doch am Leben war. Er hat sich dann darum bemüht, mich zu sich zu holen. Mir wurde damals nur gesagt, ich dürfte in meine Familie zurück. Die wunderbarsten Gedanken liefen in meinem Kopf ab. Ich malte mir die Zukunft in den schönsten Farben aus. Ich war glücklich, dachte ich doch in komme in eine Familie und hätte dann mehr Zuwendung. An dem Abholtag warte ich auf gepackten Koffern. Ich liebte meinen Vater obwohl ich ihn nie ein einziges Mal gesehen oder gesprochen hatte. Ich wollte einfach nur zu jemandem gehören. Wollte geliebt werden. Dachte ich mir doch, ein Mitglied der eigenen Familie könne mich doch nur lieben. Nur saß ich am Abend immer noch auf den Koffern. Verstehen konnte ich das nicht. Wollte mich mein Pa plötzlich nicht mehr? Warum liebt er mich jetzt nicht mehr? War ich böse? Habe ich etwas Schlimmes und Falsches getan? Ich musste es aussitzen konnte doch nicht weg gehen, denn dann könnte ich ja verpassen wenn ich abgeholt werden sollte. Gegen Abend kam die Heimleiterin, sie sagte mir ich solle wieder auspacken und wir würden morgen dann einen Ausflug machen. Nur sie und ich. So ging ich getröstet und freudig wieder in mein Zimmer, denn ich hatte sie ja dann einen ganzen Tag für mich alleine. Am nächsten Tag ging es dann mit dem Auto fort. Nur wir beide. Wir haben gesungen, gelacht und geredet. Es war nur schön. 1 gute Stunde später waren wir am Ort wo sie mit mir hinwollte. Es war das für mich zuständige Jugendamt. Dort wurde mir einem kleinen Mädchen dann nüchtern und ohne weitere Einleitung gesagt.

„Oh, Kleines, ich muss dir nun etwas sehr trauriges erzählen. Dein Vater, ist leider verstorben. Er hat sich so sehr gefreut, dass er dich zu sich holen darf, als er morgens aufgestanden ist, fiel er Tod um".

Danach wurde ich hinausgeschickt und mein amtlicher Vormund unterhielt sich noch eine Weile mit meiner Erzieherin. Dann gingen wir noch in einen

Park ein wenig spazieren um mich wieder zu erfreuen. Da ging es mir durch den Kopf, wenn ich mich freue, kann mir ja das gleiche passieren. Denn wenn so etwas meinem Vater passiert liegt das bestimmt in der Familie. Somit habe ich einfach aufgehört mich zu freuen. Ich zog mich immer tiefer in mich zurück.

Plötzlich bekam ich Probleme mit mir und meiner Identität. Ich habe gehört wie mein Vormund zu meiner Erzieherin sagte, die Frau die mich geboren hatte, hätte daheim erzählte, ich sei eine Todgeburt gewesen. Dieser Satz ging mir niemals mehr aus dem Kopf. Immer wieder drehten sich die Gedanken darum.

In dem Sommer musste ich ins Krankhaus, meine Mandeln mussten raus. Da ich danach nicht in die Ferien konnte von wegen der Nachwirkungen, musste ich alleine im Heim zurückbleiben. In diesem Jahr war mal wieder eine große Renovierung des Hauses angesagt. Der Sommer war heiß. Die Beeren waren reif. Ich liebte diese prallen saftigen Früchte der Stachelbeere. Also war ich die meiste Zeit draußen und habe mich in den Beerensträuchern eingenistet. Als ich wieder nach Hause kam, stand dort eine Kiste mit Flaschen. Ich wusste nicht was dort drin war. Ich nahm mir halt eine Flasche, setzte sie an und trank gierig dieses eklige Gebräu. Nur war ich so durstig da war es egal. Mir wurde leicht Schwindelig damals nach dem Genuss der Vollreifen Stachelbeeren und der Flasche Bier, wie ich heute weiß.

Im Hof hinten stand ein tolles rotes Mofa. Ich wollte dies immer schon mal fahren. Nur es war strengstens Verboten es auch nur anzufassen. Der Eigentümer war nicht da, und ich lieh es mir daher einfach aus. Mein matschiger Kopf wollte dies so. Ich kannte da keine Hemmungen mehr. Setzte mich drauf. Startete und brauste los. Immer den Berg hinauf. Im nächsten Ort drehte ich eine kleine Runde. Dann ging es wieder nach Hause. Jetzt den Berg hinunter. Uihhhhhhhh, was war denn das. Das Mofa wurde immer und immer schneller. Ich versuchte zu bremsen und es tat sich einfach nichts. Plötzlich war ich wieder super nüchtern. Ich hatte keine Möglichkeit langsamer zu werden, bzw. anzuhalten. Ich wusste auch dass ich nicht mehr viel Zeit hatte. Nun gab es 2 Möglichkeiten, entweder ich lasse das Mofa weiterlaufen und stürze den Steilhang hinab in ein fast trockenes Wasserbett, oder ich reiße den Lenker herum und fahre gegen eine Hausmauer. In meinem benebelten Hirn traf ich die Entscheidung das Haus zu wählen. Ich wachte irgendwann Wochen später wieder in der Klink auf. Dort durfte ich dann, mit einem doppelten Schädelbasisbruch, einem gebrochen Arm, einer gebrochenen Schulter und Schulterblatt und beide Beine gebrochen, fast 6 Monate bleiben. Ich möchte nicht wissen, was sich meine Erzieherin anhören musste als ich voll alkoholisiert schwerst verletzt in die Klink eingeliefert wurde.

Irgendwann heiratete mein Pate, er zog zu seiner Frau, die ganz in meiner Nähe ein Haus hatte. Ich bettelte und fragte immer wieder ob ich denn nicht zu Besuch kommen dürfte. Die Frau die er geheiratet hatte, hatte eine Tochter mit in die Ehe gebracht. Ab und an durfte ich zu ihm fahren und über ein Wochenende bleiben. Ich konnte nie begreifen, warum ein kleines vierjähriges Mädchen in einem Bett von 2x2 Metern alleine schläft und ich als fast erwachsen auf einem alten kleinen Sofa liegen musste. Da lag der Kopf abgeknickt auf der hohen Seitenlehne und ab den Knien hingen die Beine in der Luft. Was mir komisch vorkam, war die Art, wie mein Pate mich immer als Vorbild vor seiner Stieftochter hinstellte und die Art wie das kleine Mädchen dann reagierte. Einmal stieß sie beim Essen an ihr Glas, nein sie versuchte nicht das Glas zu fangen, sie schützte sofort ihren Kopf. Als ich dann am Abend wieder ins Heim gebracht wurde, sagte mein Pate nur zu seiner Stieftochter, siehst du, wenn du nicht artig und lieb bist, wenn du weiterhin so ein Schussel bist, dann kommst du hier ins Heim und dann hast du nichts mehr zu lachen, dann hast du niemanden mehr der dich liebt. Mir war plötzlich wieder klar, ich bin nicht liebenswürdig, ich weiß zwar nicht was ich falsch gemacht habe nur es muss ja etwas sehr Schweres gewesen sein. Denn sonst würde ja mein Pate nicht so etwas zu seiner Tochter sagen. Von diesem Tag an war ich nie mehr bei meinem Paten, oder habe ihn auch nur gesprochen, denn ich war ja nicht lieb und artig, sonst wäre ich nie in dieses Heim gekommen.

Auch die Winter waren fantastisch. Wie wohnten ja direkt am tiefsten Punkt in dem kleinen Tal. Die Winter waren ja zu dieser Zeit noch sehr hart und mit sehr viel Schnee. Wir konnten mit den Schlitten und Skiern zur Schule fahren. Morgens war dies immer sehr lästig, nur nach der Schule konnten wir mit viel Spaß und Gelächter den kleinen Berg runter sausen. Auch bekamen wir Lumpen um die Schuhe gewickelt damit wir nicht so sehr ausrutschen auf der Straße. Welche wir außer Sichtweise des Hauses sofort wegmachten. Es war doch nur spaßig so hin und her zu rutschen. Den halben Berg kam man hoch. Dann ging es automatisch wieder abwärts. Und der Bus? Der Bus der uns in die Stadt zur Schule brachte, den sahen wir sehr selten pünktlich. Irgendwann hieß es dann, wenn ihr jetzt nicht endlich pünktlicher werdet, müsst ihr das Doppelte der Zeit, die ihr zu spät kamt, nachsitzen. Das war natürlich nicht im Sinne des Erfinders. Somit mussten wir für uns entscheiden was weniger schmerzhaft ist, das pünktlich in die Schule kommen oder das Nachsitzen. Wir entschieden uns dafür morgens dann zu rennen, damit wir den Bus immer noch so knapp bekamen. Die Fahrer kannten uns ja auch schon und die sahen uns dann rennen und warteten doch immer wieder auf uns.

Doch gab es immer wieder jemand, der mich aus meiner eigenen selbst gemachten Isolation heraus-holte. Wenn auch oft mit Gemeinheiten. Wenn es darum ging den eigenen Mut zu beweisen. Angestiftet zu werden Verbotenes zu tun. Denn spielst du da nicht mit, wirst du geschnitten. Dann war man ja noch einsamer. So gab ich nach. Es war streng verboten im Hausflur zu rennen. Doch wir veranstalteten ein Wettrennen. Ich bekam die Kurve in einen Raum am Ende des Flures nicht und rannte mit meinem ganzen Körper durch eine Glastür. Oh, ich bemerkte keine Schmerzen. Ich sah nur das viele Blut, das überall aus mir heraus sprudelte. Das war schön, ich roch dieses warme, volle Aroma frischen Blutes. Es hüllte mich ein in eine wohlige Wärme. Ich wurde dadurch so schön müde. Dies war meine erste Erfahrung mit warmem, frischem Blut. Also nix wie schnell verschiedene Druckverbände, das Auto aus der Garage und mit Höchstgeschwindigkeit die 20 Kilometer in die Stadt ins Krankenhaus. Ab zum Nähen. Solche kleinen Unfälle passierten mir leider noch des Öfteren. Ich hatte meinen Kopf nirgends, denn ich lebte zu dieser Zeit nur in meinen Büchern und Romanen. Überall trug ich mein Buch mit mir herum. Auf der Treppe, im Bad, beim Essen, immer war ich am lesen.

Eines Tages erzählten wir unserer Heimleiterin, dass jeden Morgen, auf dem Weg in die Schule und jeden Nachmittag wenn wir aus der Schule kamen, auf halber Strecke immer ein Auto mit einem Mann stehen würde. Dies machte uns unsicher und teilweise sehr große Angst. Unsere Heimleiterin machte damals das Beste was ich je erlebt habe. Als erstes rief sie die Polizei an, dann nahm sie noch unseren Verwalter des Gutshofes mit, und so gingen sie und passten den

Mann in dem Auto am Wegesrand ab und stellten ihn. Wie es sich herausstellte, gab es eine einfache Erklärung, die uns der Fahrer des Autos selbst gab. Eines Abends war er dann mit seiner Familie bei uns zum Essen eingeladen. Nach dem Essen erzählter er uns warum er immer dort stehen würde. Er hatte einen schweren und psychisch belasteten Beruf. Damit er eine bessere Trennung zwischen Familie und Beruf hinbekommt, ist er jeden Morgen eine halbe Stunde früher von zu Hause weggefahren. Auf halber Strecke zu seiner Arbeit, hielt er am Straßenrand und hat seine Zeitung gelesen. Nach 30 Minuten, fuhr er dann weiter, am Nachmittag praktizierte er das gleiche wieder in anderer Reihenfolge. Dass wir Kinder voller Angst an ihm und seinem Auto vorbei geschlichen sind, hatte er überhaupt nicht bemerkt. Nun da er von unserer Angst erfahren hatte, wollte er es uns selbst erklären. Von diesem Tag an, hatten wir einen Beschützer auf unserem Weg in die Schule und zurück. Jeden Tag grüßten wir uns, und wenn er einmal früher dran war, nahm er uns ein Stück mit seinem Auto mit. Nun konnten wir es ja tun, wir konnten mit ihm mitfahren, denn wir kannten uns nun.

Die größte Freude bereitete mir der zweiwöchige Sprachurlaub den wir mit der Schule nach London unternahmen. Der Spaß sich mit Händen und Füßen verständlich machend durch London zu streifen. Die ganzen Sehenswürdigkeiten sehen. Es war das erst mal, dass ich im Ausland war. Alles neu und so vielfältig. Vor lauter Staunen vergaß ich das englisch lernen dabei. Es machte mir auch nichts aus, denn ich wollte diese Sprache nicht. Meine Gruppenleiterin im Heim sprach Englisch. Ich wollte nichts Gemeinsames mit ihr haben. Es war schon schlimm genug, dass ich so ein dickes Kind war, oft wenn mit dieser Schwester in die Stadt musste um Kleidung zu kaufen, wurden wir als Familie angesehen. Das war der reinste Horror für mich. Die Sprüche der anderen Passanten auf der Straße waren für mich nur übel. Guten Tag Schwester, gehen sie mit ihrer Nichte einkaufen? Ah haben sie aber eine hübsche Nichte, da sieht man ja richtig die Familienzugehörigkeit. Mir war das so peinlich. Ich weigerte mich in Zukunft mit dieser Frau einkaufen zu gehen. Lieber trug ich altes und abgetragenes als nochmals mit der Frau in die Stadt zu müssen. Da konnte mich kein Eis, kein Kinobesuch oder sonstiges dazu überreden. Ich verweigerte wieder einmal jegliche Zusammenarbeit, was das allgemeine Zusammenleben noch schwieriger machte. Wenn ich wirklich mal etwas Neues brauchte, musste die Heimleiterin sich die Zeit nehmen um mit mir einkaufen zu gehen, denn mit jemand anderem ging ich einfach nicht mit.

Ich war ein sehr anstrengendes Kind. Ein Kind welches tagtäglich hoffte dass die einzigste und liebste Erzieherin wieder zur Arbeit hierher kommen würde. Ich ließ keine anderen Wünsche sonst zu. In meinem Kopf hatte sich festgesetzt dass sie irgendwann wiederkommen würde. Welch ein Trugschluss. Nur in meiner kindlichen Seele wäre es gut gewesen, wenn mir irgendwer erklärt hätte warum sie ging. Und warum sie ohne Abschied gegangen war. Dies alles fiel mir wieder ein, als ich nach meiner Konfirmation meinen Paten immer weniger sah oder hörte. So schloss ich mich auch immer fester an seinen Bruder und seine Schwägerin an. Als ich mich nach Jahren endlich getraute meinen Paten zu fragen warum ich nichts mehr von ihm hören würde, sagte er nur mit der Konfirmation endet die Patenschaft. Er hätte somit nichts mehr mit mir zu tun.

Immer wenn mich etwas sehr belastete, immer dann wenn der Druck „lieb sein zu müssen" zu groß wurde, immer dann hatte ich eine Schere, Nadel oder Messer bei mir. Da zog ich mich zurück, auf die Toilette oder einem versteckten Platz. Ganz oben unter dem Dach, da gab es eine verschalte Schräge. Diese hatte eine kleine Türe und dahinter wurden Papier und Putzmittel aufbewahrt. Diese Türe konnte man auch von innen schließen. So bekam niemand mit wenn man dort hinter der Türe sich versteckte. Wie oft hörte ich alle nach mir suchen und rufen. Ich hatte mich dort eingerichtet. Wenn ich mich ganz flach hinlege, konnte ich am flachsten Teil meine Taschenlampe und Süßigkeiten in einer Spalte im Dachbalken verstecken. Dorthin flüchtete ich immer wenn es nicht möglich war nach draußen zu gehen. Oft blieb ich dort auch Tagelang versteckt. Ich hatte dort eine Flasche versteckt, diese zu füllen war kein Problem da diese Kammer gleich neben dem Badezimmer und den Toiletten war. Dort fing ich dann mit Methode an mir meine Blutadern zu öffnen. Nicht viel, es durfte ja niemand sehen. Meistens habe ich mich hingesetzt und habe die Adern in meinen Beinen und der Bauchdecke geöffnet. Da ich sowieso meistens Hosen trug, wusste ich da9 es nicht auffallen würde. Sollte es jemand sehen, wird es als „böse sein" ausgelegt und man wieder nicht gemocht. Wenn man aber immer wieder mal blaue Flecken hat ist das nicht so auffällig wie wenn man sich schneidet. Den bei dem Umtrieb den ich hatte, auf dem Feld, im Stall oder beim Spielen kann das immer leicht passieren. Ich ging dann auch gern und freiwillig zum Kinderarzt. Dieser Dorfarzt war allgemein Mediziner. Da er sich nicht vorstellen konnte, dass man in diesem Heim körperlich Misshandelt wurde, attestierte er mir ohne Nachfrage oder Probleme ein sehr schlechtes Bindegewebe. Er lieferte mir damit eine super Entschuldigung wenn ich immer wieder und öfter diese blauen Flecken hatte. Durch diese Aussage des Arztes hatte ich die beste Möglichkeit dieses herrliche Gefühl, wenn die Ader ein kleines Loch hatte, wo sich das dunkle warme Blut heraus drückt, mir öfter zu genehmigen. Ich sah dem Lauf des Blutes zu, kurz bevor es auf den Boden fiel, fing ich es mit der Zunge auf. Diesen warmen, weichen metallischen Geschmack, dieses Tun, ich brauchte es immer mehr, immer öfter. Nur wenn ich mein Blut fließen sah, wusste ich wieder ich lebe, ich bin nicht Tot. Mein reguläres Leben hatte ich komplett ausgeblendet. Ich lebte nur von einem Bluten zum anderen. Denn vom

Bluten stirbt man ja nicht. Ich sah das ja jeden Monat an mir selbst.

So verging die Zeit bis ich circa 16 war. Da hatte ich ein plötzliches Interesse an den Männern dieser Welt. Ein um einiges älterer Mann hatte auch Interesse an mir. Wir gingen immer wieder heimlich zum Kaffee trinken. Er zeigte es mir sehr deutlich. Er führte mich ein in die körperlichen Freuden. Ich war einfach nur glücklich, überglücklich. Hängte mich an ihn, verwöhnte ihn mit allem was ich hatte. Zeigte meine Zuneigung in jeder Minute die wir beisammen waren. Oft habe ich sogar wegen ihm die Schule geschwänzt. Dies war nicht sonderlich gut für meine Leistungen in der Schule. Morgens fuhr ich mit in die Schule. Dann drehte ich kurz vor der Schule ab und wartete dass er mich abholen kam. Wir gingen dann meist irgendwohin, ein wenig weiters weg, frühstücken und kuscheln. Zum Schulschluss brachte er mich dann wieder an meine Haltestelle. Ich dachte ich hätte endlich jemanden gefunden der mich lieb hat. Irgendjemand hat uns wohl bei der Heimleitung verpfiffen. Daher wurde diese Beziehung sofort und endgültig gelöst. Man machte mir sehr deutlich klar, wenn ich mich weiterhin mit ihm treffen würde, sorge das Jugendamt dafür, dass er seine Arbeit verliert und keine Chance mehr bekommt in diesem Landkreis eine Arbeit zu finden. Auch wurde von diesem Moment an immer und überall überwacht. Da hatte immer jemand Zeit mich in die Schule zu fahren und von dort wieder abzuholen. Durch diese

Sonderbehandlung zog ich mir den Unmut von allen anderen Kindern zu, denn sie mussten weiterhin in die Schule zum Bus laufen. Da wurde ich nun von den anderen Kindern und den Erzieherinnen bespitzelt und überwacht. Dies machte mir sehr große Probleme, zudem musste ich feststellen, dass er mich gar nicht wollte. Er benutze mich nur zu seinem Vergnügen. Und trotzdem konnte ich dann sehr schwer irgendjemanden anderes wieder lieb haben, denn wenn ich lieb habe passiert dem Anderen etwas Schlimmes. Dies konnte ich doch nicht auch noch auf mich nehmen. Dann lass ich das Lieben auch sein.

Nun fiel ich in ein sehr tiefes Loch. Fing an mich konstant und systematisch zu Zerstören. Diese Verletzung konnte ich nicht begreifen. Was habe ich denn getan? Ich habe doch nur meine Gefühle gezeigt. Habe mich aus meinem Schneckenhaus heraus getraut. Habe mich einem Menschen geöffnet und wurde dafür noch bestraft und ausgelacht. So wurde ich immer Aggressiver mir gegenüber. Nun war es auch egal, ob jemand meine mir selbst zugefügten Verletzungen sah. Oft Verletzte ich mich nun selbst so schwer, dass ich Hilfe brauchte. Dann musste ich genäht werden. Der Rettungswagen war laufend da. Ich verbrachte mehr Zeit in der Klinik als zu Hause im Heim. Da niemand mehr Zugang zu mir fand wurde ich als schwer erziehbar eingestuft. Diese Einstufung machte mich wieder wütend. Keiner versteht mich, keiner hört mich an oder zu. Was soll ich denn überhaupt noch hier? Durch diese Einstufung, wurde ich auch bis zu meinem 21. Lebensjahr unter amtliche Vormundschaft gestellt.

Nach meiner Hauptschule wollte ich dann für mein Leben gern Elektriker lernen, das war etwas was mir sehr viel Freude bereiten würde. Mein Vormund genehmigte mir diesen Berufswunsch nicht, mit der Begründung, eine Frau wird nicht Elektriker. Ich habe getobt und geschrien, habe den fremden Mann der mein Vormund war, am liebsten auf den Mond geschossen. Zudem konnte ich meinen Vormund nicht persönlich erreichen, entweder er war im Urlaub, hatte frei oder ließ sich verleugnen. Zum ihm hinfahren konnte ich nicht, ich wusste nicht wirklich 100% in welcher Stadt er war. Ich wusste nur eines, mir wird mal wieder ein ersehnter Wunsch abgeschlagen. Da Elektriker zu lernen nicht möglich war, habe ich nicht mehr eingesehen irgendetwas zu lernen. Wollte nicht irgend so einen Frauenberuf lernen. Habe mich vollkommen gesperrt, gegen jeden und alles. Ich kam dann auf die Hauswirtschaftschule um dort meine mittlere Reife nachzuholen. Wollte ich das? Nein! Ich lernte also nicht, aus Trotz. Ich fing an den Lehrer zu schikanieren. Stellte ihn Blos, bespitzelte ihn in seiner Freizeit. Da bekam ich auch mit dass er Homosexuell veranlagt ist. Welch eine Neuigkeit. Vor 25 Jahren war es nicht einfach für einen Lehrer diese Veranlagung zu haben. So war es ein leichtes ihn aus dem Lehramt entfernen zu lassen. Ich erzählte die übelsten Sprüche über ihn. Machte ihn lächerlich vor seinen Kollegen und meinen

Mitschülern. Diesen Mann machte ich fertig. Heute kann ich nur den Kopf schütteln vor so viel Dummheit in meinem Hirn. Innerhalb kürzester Zeit hatten wir einen anderen Lehrer. Dieser war noch sehr altmodisch im denken. Wenn ich da nicht so spurte wie dieser es wollte, warf er mit Kreidestücken, Schlüsseln oder was er gerade so zur Hand hatte. Nur da kam er bei mir an die Richtige, denn ich warf einfach zurück. Nun wurde ich wieder einmal von der Schule für Wochen ausgeschlossen. Hatte immer einen dummen beleidigenden Spruch zur Stelle. Wurde sehr oft vom Unterricht ausgeschlossen denn ich störte diesen permanent. Ich konnte, obwohl ich doch erwachsen sein wollte, nicht sehen, dass die Mitschüler lernen wollten. Wenn ich meinen Willen nicht bekam, dann sagte ich mir wieder, klar immer ich. Immer nur ich werde bestraft, immer nur ich muss die Konsequenzen tragen. Die anderen sah ich nicht mehr in meinem verletzten Tunnelblick. Wenn ich einmal in der Berufsschule erschien, dann nur störend. Da habe ich angefangen zu singen und Flieger zu basteln. Habe die Lehrer alles Mögliche geheißen. Dann sagte mir meine verhasste Gruppenleiterin auch noch ich wäre geistig minderbemittelt weil ich keinen Rat annehmen wolle. Ich sollte Englisch lernen, und das, mit ihr als Nachhilfe. Ich denke, dass dies mit ein Grund ist, warum ich diese Sprache nicht kann und nicht mag. Aus Trotz, fiel ich dann auch durch die Prüfung, nur habe ich immer behauptet, es wäre nicht meine Schuld gewesen. War doch klar dass ich durchfalle, bin ja ein Heimkind, mit diesen kann man es machen. Habe zu der Zeit einfach nicht begriffen, ich lerne ja doch nur für mich und nicht für die Schwester die ich nie mochte, da sie kam als ich sie nicht wollte. Die, da war ich immer noch der Meinung, hatte mir meine liebste und einzigste Bezugsperson, meine Lieblingstante weggenommen, im zarten alter von 6 Jahren. 12 Jahre lang habe ich diese Frau boykottiert. Sie einfach wenn es irgendwie möglich war ignoriert. Wenn dies nicht möglich war, habe ich sie zur Weißglut getrieben, bis sie mich schlug. So hatte ich wieder für mich die Bestätigung, diese Frau ist böse und schlecht. Ich investierte mein Taschengeld fast nur noch in Zigaretten und Süßigkeiten. Denn diese gaben mir ein gutes Gefühl. Danach schämte ich mich weil ich wieder einmal 3 Tafeln Schokolade auf einmal in mich stopfte. Also ging ich zum Brechen, und doch wurde ich immer dicker. Ich gab auch daran dieser Schwester die Schuld. Wollte nicht dick sein, und ich war es damals wirklich mit circa 125 Kilogramm bei einer Größe von 167 Zentimetern. Nur wie sollte ich denn dünner werden? Ich lag doch die meiste Zeit im Bett beim lesen und Süßigkeiten naschen. Wenn mich wer darauf aufmerksam machte, dies sei nicht gesund, habe ich erstrecht weiter gegessen mit der Begründung, es wäre ja mein Leben. Je älter ich wurde, desto verstockter und unmöglicher wurde ich. Man beschnitt mich in meiner Entfaltung, in meiner Freiheit. Ich wollte die Regeln nicht, reagierte immer mit Zorn und Trotz, und wenn dies nichts half, dann wurde ich einfach krank. So konnte ich von klein auf ohne Probleme von jetzt auf gleich hohes Fieber, unerklärlichen nesselartigen Ausschlag auf der ganzen Haut, Kopfschmerzen bis zur Migräne und Ohnmacht auf Kommando bekommen. Sollte ich etwas tun was nicht nach meinem Kopf war, wurde ich einfach krank. Wenn ich etwas wollte und es nicht bekommen konnte, war ich teilweise so krank, dass man mich in die Klinik bringen musste. Wie viele Schlaflabors und Untersuchungen musste ich über mich ergehen lassen. Das Ergebnis war einfach, ich leide unter Migräne und Spannugskopfchmerzen. Sobald ich unter Stress kam, hatte ich furchtbare Kopfschmerzen bis zur Ohnmacht.

Der Versuch Erwachsen zu sein

Mit 18 wird man aus dem Heim entlassen. Nun sieh zu was du machst. Mir wurde immer wieder erzählt, die Frau die mich geboren hatte sei sehr schlecht. Ich konnte dies nicht glauben, wollte dann unbedingt wissen wer denn überhaupt die Frau ist, die mich geboren und weggeworfen hatte. Ich konnte nicht glauben, dass sie so schlecht sein sollte. Musste doch unbedingt meine eigene Identität finden. Der Satz von ihr als ich geboren wurde und sie mich allein im Krankenhaus liegen lies, und daheim erzählte ich wäre tot geboren. Dieser Satz zog sich immer durch mein Leben. Und je älter ich wurde desto weniger glaubte ich an mich. An meine Daseinsberechtigung. Denn ich war ja tot geboren, somit hatte ich keine Berechtigung zu leben. Wo nur finde ich meine Identität? Nur die Frau, die mich geboren hatte konnte mir meine Identität wiedergeben. In meinem letzten Jahr im Heim, besuchte mich diese Frau, die mich geboren hatte, immer wieder heimlich. Sie passte mich immer wieder auf der Straße ab. Oft schrieb sie mir auch Entschuldigungen für die Schule, und verbrachte dann die so entstandenen freien Stunden, mit mir. Sie zeigte sich mir immer in einem tollen Bild. War super toll und Lieb und erzählte mir die fantastischsten Geschichten. Sie beschrieb mir ein Leben, bei ihr, in den warmen und liebevollen Farben so zog ich dann an meinem 18 Geburtstag sofort zu ihr. Brach mein bisheriges Leben total ab warf die Lehre, die Schule und meine Zukunft einfach weg. Nur um kurze Zeit festzustellen sie war so schlecht, wie an mir immer wieder gesagt hatte. Diese Frau wollte mich nicht aus Liebe oder bei sich haben. Sie brauchte nur eine billige Arbeitskraft, einfach jemand der sie und die jüngeren ihrer Kinder und ihre Hunde versorgt. Jemand der für sie arbeiten geht, damit sie jederzeit und immer ihren Schnaps bekommen konnte. Denn sie brauchte schon zum Frühstück ihren Weinbrand oder Schnaps. Wenn eines ihrer „Kinder" nicht so tat wie sie wollte, warf sie mit Flaschen, Geschirr und Besteck. Meiner kleinen schwangeren Schwester warf sie im Zorn und volltrunkenem Zustand ein Fleischmesser nach. Da konnte ich dann zusehen, wen ich als erstes Versorge. Ob ich meine Schwester verbinde und den Notarzt-wagen rief oder die Frau an weiteren Ausbrüchen hinderte. Heute mache ich mir deshalb immer noch Vorwürfe. Nur weil ich die Frau im Zaum hielt, dabei die Polizei und den Notarzt rief, konnte ich meine kleine Schwester nicht verbinden. Sie starb dann noch in meinen Armen. 3 Monate habe ich es dort aus-gehalten, dann war ich weg. Ich hatte meine Identität immer noch nicht gefunden nie war ich weiter davon entfernt als bei dieser Frau. Diese Frau wollte nicht uns als Kinder und sie verweigerte die Adoptionen ihrer Kinder. Meine 2 leiblichen Geschwister wuchsen auch im Kinderheim auf. Erst Jahre später wurde mir klar, warum diese Frau mich bei sich haben wollte. Ich verdiente Geld, welches sie in Alkohol umsetzte, ich wusch, putzte und versorgte die Familie. Sie brauchte nichts mehr zu tun, sie lag meist auf dem Sofa und war ab 10 Uhr morgens nicht mehr Ansprechbar. Überall lagen und standen leere Schnapsflaschen und übervolle Aschenbecher herum. Anstatt aufzustehen um die vollen Aschenbecher zu leeren warf sie die Kippen lieber auf den Boden. Von dieser Frau wollte nicht geboren worden sein. Wollte niemals in diese Familie gehören. Dieses war nicht meines, dieses nicht. Die Gedanken wurden immer drängender der Aussage dieser Frau eine wirkliche Wahrheit zu geben. Seit damals war ich immer wieder hochgradig suizidal gefährdet. Immer wieder wollte ich ihr Recht geben. Wollte gehen aus dieser Welt, denn diese war doch sowie nur wüst und gemein zu mir.

Wann immer ich Zeit hatte fuhr ich wieder zu meiner ehemaligen Heimleiterin. Je älter ich wurde, desto befreiender waren meine Besuche dort. Sie sah mich nun als erwachsenen Menschen an. Daher konnte ich auch viel besser mit ihr reden. Ich fragte sie damals immer wieder, warum denn so oder so entschieden worden war in den verschiedensten Situationen. Sie erklärte mir auch auf meine Frage warum meine erste Erzieherin damals ohne Abschied einfach gegangen war. Sie hätten sich es sehr lange überlegt ob sie uns im Vorfeld etwas sagen würden. Konnten nur damals nicht abschätzen wie die Reaktionen von uns Kleinen sein würden. Da man allgemein der Meinung war, dass Kinder schnell vergessen und sich leichter an Neues gewöhnen, haben sie sich gegen einen Abschied entschieden. Wobei sie da bei mir genau falsch lagen konnte ich ihr dann doch nicht sagen. Ich wollte nicht, dass sie sich wegen mir Vorwürfe macht. Es war ja sowieso nicht mehr zu ändern. Diese Zeit war vorbei. Vom Kopf her wusste ich nun, es hat nicht an mir gelegen, nur mein Gefühl konnte das nicht verstehen. Ich war jung, dachte modern, ich konnte, nein ich wollte die damalige Situation einfach nicht verstehen. Ich sah einfach immer nur schwarz. Es gab da kein blau, kein grau, keine Farbe überhaupt. Es gab nur schwarz und ab und an, wenn auch selten ein wenig weiß. Keinerlei Schattierung gab es für mich. Wenn ich aber vor mir selbst zugab, dass meine Heimleiterin damals eine für mich falsche Entscheidung traf, hätte ich sie nie mehr besuchen können. Ich hätte es mir niemals erlauben können einer fehlerhaften Person Besuche zu machen. Ich musste mir immer weiter einreden, dass ich ein schlimmes und böses Mädchen bin, denn sonst kann ich sie nicht mehr besuchen. Denn sie war nun meine einzigste Bezugsperson, der einzigste Mensch der mich kannte, dachte ich damals. Heute ist mir klar, sie hat mich nicht gekannt, woher auch. Erstens sie hatte dafür gar keine Zeit, sich auf ein Kind allein einzulassen. Sie sah nur das was an der Oberfläche des jeweiligen Kindes lag.

Damals konnte ich es vor mir nicht zulassen diese meine einzigste Bezugsperson vom Sockel zu stürzen. Also ignorierte ich ihre Ausführungen und litt einfach für mich weiter. Sollte ich es mir doch irgendwann eingestanden haben, dass sie Fehler gemacht hatte zu meiner Zeit im Heim, konnte ich ihr dies unmöglich ankreiden. Sie war sehr schwer Krebskrank, und doch hatte sie immer ein offenes Ohr für ihre „großen

Kinder", wie sie uns nannte. Da wollte ich sie doch noch haben ohne Zank und Streit solange es ging. Denn nun hat sie ein Anrecht auf meine Hilfe und Zuneigung ihr gegenüber, so konnte ich einen kleinen Teil meiner Schuld an ihr wieder gut machen. Ich konnte ein ganz kleines Bisschen zurückgeben was sie mir in 18 Jahren gegeben hatte als ich bedürftig war. Zudem konnte ich es dann auch so einrichten, dass wenn ich zu Besuch zu ihr kam wir alleine und unter uns waren. Da in dieser ihrer schwersten Zeit erst, hatte ich sie für mich allein. Ich fuhr da meistens auch alleine hin, nicht einmal meinen Freund oder später meinen Mann nahm ich mit hin. Erst ganz zum Schluss nahm ich meinen Mann mit, da ich mich nach diesen Besuchen nicht mehr in der Lage war alleine die circa 100 Kilometer nach Hause zu fahren. Wenn ich einen Rat brauchte, konnte ich mich in jedem Alter auf sie verlassen. Je älter ich wurde desto besser konnte ich sie vom Kopf her verstehen. Nur immer wenn ich sie besuchte, ließ ich mein Gefühl daheim. Ich ging nur mit meinem Verstand zu ihr. Meine Gefühle musste ich Zuhause lassen, damit ich nicht verletzt wurde. Ich lebte in ständiger Angst von allem und jedem Verletzt zu werden. Oft dachte ich, ich wäre nur dafür auf der Welt. Denn eigentlich war ich ja gar nicht existent daher macht es ja auch nichts aus wenn ich permanent Verletzt wurde. Ich präsentierte mich auch so. Lief immer in geduckter Haltung herum. Da ist es doch normal, wenn man schon geduckt ist, kann man doch ohne Probleme sich noch weiter ducken. Dass ich so ein unterwürfiger Mensch war der immer wieder nach verbalen und körperlichen Schmerzen rief, stellte ich erst Jahre später in der psychosomatischen Klinik fest.

Ich ging weg von der Frau die mich geboren hatte und in die Stadt, traf dort meinen ersten Mann, er war 15 Jahre älter als ich. Von ihm wurde ich dann recht schnell schwanger. Voller Stolz und überglücklich habe ich meinen super dicken geschwollenen Leib vor mir hergetragen. Tags lies mich meine süße Tochter ja in Ruhe arbeiten, nur des Nachts lies sie mich nicht schlafen. Sie hat doch viel von mir dachte ich damals schon. Es war ein super und schönes Gefühl zu sehen wenn sie gegen den Bauch drückte, als es ihr immer wieder zu eng wurde. Wenn sie sich drehte, dann traten immer die dicksten Beulen auf. Oft kitzelte ich ihre kleinen Füße, wenn sie mich wieder schmerzhaft von innen her trat. Jeden Abend wenn ich zu Bett ging, sang ich ihr ein kleines Liedchen vor. Erzählte ihr was es den ganzen Tag gegeben hat, fragte auch ob ihr das Essen gemundet hat, oder ob ich dies nicht mehr essen sollte. Sie konnte es ja nicht sehen. Ich ließ sie von dem Moment an wo ich wusste dass sie sich in mir eingenistet hatte an meinem, unserem Leben teilnehmen. Nie war ich hübscher und fröhlicher als in diesen Monaten. Ich hatte alles Glück dieser Welt in meinem Bauch. Leider dachte ich nicht daran dass ich ja noch keine 21 Jahre alt war. Mir wurde dann sehr nachdrücklich klargemacht, dass ich dieses Kind nicht behalten dürfte, da ich ja nicht reif dazu wäre. Entweder käme das Kind in ein Heim, bis ich auf eigenen Füßen stehen würde, oder ich gebe es zur Adoption frei. Ich wollte meinem Kind keinen Heimaufenthalt antun. Unter vielen Tränen und Herzschmerzen gab ich meine süße kleine Tochter dann unter freiwilligem Zwang zur Adoption frei. Ich habe jahrelang gelitten darunter. Leide heute noch daran. Konnte Anfangs keinen Kinderwagen sehen ohne in Tränen auszubrechen. Das erste Jahr nachdem ich meine Tochter geboren hatte, konnte ich nur zur Arbeit aus dem Haus gehen, sonst blieb ich in der abgedunkelten Wohnung für mich allein. Im Schmerz versunken, lebte ich in totaler innerer und äußeren Dunkelheit. Täglich ertrank ich einem Meer aus Tränen. Immer wieder sagte man mir hör auf zu heulen. So weinte ich nur noch für mich allein oder unter der Dusche. Irgendwann hatte ich dann keine Tränen mehr. Mit den Tränen ging auch der Schlaf weg. Hatte immer größere Probleme beim ein- bzw. durchschlafen. Da ich dann in der Firma permanent müde war, passierten dort immer öfter kleine Flüchtigkeitsfehler. Das konnte ich mir nicht erlauben, es konnte nicht sein, dass ich irgendeinen Fehler machte. Dies durfte und konnte ich mir nicht erlauben. Daher war ich wieder krank, wenn ich einen Fehler an mir bemerkt hatte.

Mein damaliger Freund kam mit dieser Situation nicht zurecht und hat mich dann verlassen. Erst sehr viel später sagte er mir in einer ruhigen Stunde, dass er überhaupt kein Kind mit mir haben wollte. In meinem Kopf setzte sich ein Gedanke fest. Diese

Nichtachtung und Beleidigung mir gegenüber von ihm hatte ich gar nicht zur Kenntnis genommen. Denn meine Gedanken kreisten nur noch darum wie ich es hinbekomme meine Tochter wieder zu mir zu holen. Wenn du ein Arbeit hast und eine Wohnung dann kannst du die Kleine ja wieder holen. Das Jugendamt machte mich dann schnell klar, dass dem nicht so sei, und ich keinerlei Rechte mehr an diesem Kind habe. Mir wurde nicht mal gesagt ob es ihr gut geht und sie gesund ist. Es ging mir überhaupt nicht gut, keiner konnte es sehen. In den Gefühlen zu verstecken war ich sehr gut geübt. Ich war wieder an dem Punkt, wo ich wieder Anfing meine Adern zu suchen und die beste Möglichkeit zu suchen wie ich diese Welt verlassen könne. Mit jedem Besuch beim Jugendamt, mit jedem abschlägigem Bescheid ging es mir schlechter. Dann musste ich wieder einkaufen gehen. Bücher und alles Mögliche. Mit irgendeinem Roman dann ins nächste Cafe um mich dort dann mit Torten und Kuchen sowie Coca Cola voll zu stopfen. Ich bemerkte nicht einmal wenn ich von anderen Gästen angeschaut wurde, doch war es für mich bei einem Cafebesuch ganz normal, dass ich mit Kaffee und Torte anfing, mit Kakao und Kuchen weitermachte und zum Schluss mit einem riesen Eisbecher und Cola abschloss. Auf dem Heimweg musste ich dann mehrfach aussteigen, da es mir übel gewesen war. Wenn ich mich nun unterwegs erbrochen hatte, musste ich dringend hinsetzen und einen Kaffee trinken, da man Kaffee nicht trocken trinkt, war dann immer wieder eine Torte oder Kuchen dabei. Wie lange ich auf dem Jugendamt am Betteln war kann ich heute nur noch schätzen. Wöchentlich rief ich die Sachbearbeiterin an und fragte ob es denn nicht Möglich sei, wenigstens ein Foto von der Kleinen zu bekommen. 3 Jahre später riss der Faden der Sachbearbeiterin auf dem Jugendamt. Sie warf mich raus und meinte wenn ich nochmals kommen und nicht aufhören würde sie zu belästigen, würde sie mich mit der Polizei entfernen lassen und mich anzeigen. Da gab ich zerbrochen, geschunden an Leib und Seele auf. Kümmerte nicht mich um gar Nichts mehr auch nicht um mich. Ich existierte einfach nur wieder. Ließ wieder einmal keinerlei Gefühle zu. Denn ein Gefühl zuzulassen war so schmerzhaft, mit diesen Schmerzen im Inneren konnte ich nicht mehr leben. So ging ich wieder einmal sehr Methodisch vor. Machte mich schlau, wo es was, für wie viel Geld gibt. Ich fing also wieder an zu suchen wie ich dieser Welt entfliehen konnte. Das Leben hatte für mich keinen Sinn. Ich hatte meine Tochter hergegeben, damit sie ein besseres Leben als ich bekam. Und nun konnte ich mit dieser Entscheidung nicht leben sie brachte mich um, täglich starb ich ein kleines Stück mehr. Ich machte mir die schlimmsten Vorwürfe. Ich wollte nicht mehr Leben, schaffe den Absprung um aus dieser Welt zu gehen trotzdem nicht. Musste ich doch bleiben, es könnte ja sein, dass meine süße kleine Tochter irgendwann wieder zu mir kommt und wissen will. Ihre eigenen Wurzeln finden will. Wie kann ich ihr dies verwehren? Dies steht mir nicht zu, also lebe!

Deine Tochter braucht dich noch. Warte es kommt die Zeit die ich mit meiner Tochter haben werde.

Verzichten! Loslassen aus Liebe!

Es ist das schwerste im Leben was man sich nur vorstellen kann. Aus Liebe loslassen, verzichten. Auf Glück, auf die Freude, auf den Sonnenschein in den Augen des anderen. Auf die Liebe die zurückkommt. Verzichten! Los lassen aus Liebe! Es geht, es ist irre schwer aber es geht. Man vermisst sein Leben lang, was man freigegeben hat. Und doch gibt man her, aus lauter Liebe, mit übervollem liebendem Herzen. Damit es dem anderen gut geht. Damit der andere es besser hat. Damit der andere in keine Konfliktsituation kommt. Damit der andere zufrieden und in seinen Augen evtl. Glücklich sein kann.

Es gibt irre tiefen Narben in Dir, deine Seele und dein Herz weint. Du weißt es ist richtig und doch leidest du dein ganzes Leben lang deshalb. Wenn es nötig wäre, du würdest es sofort wieder tun. Denn nur aus wirklicher tiefer Liebe kannst du es, ohne Zorn, ohne Wut. Liebe, und du wirst Liebe bekommen. Lass los mit aller Liebe, wer dann zurückkommt liebt dich auch wirklich und wahrhaftig.

Das Existieren nach meiner Tochter

Nach der Geburt meiner kleinen Tochter, wurde dann irgendwie vergessen mir ein Medikament zu geben damit die Milch nicht einschießt. Da ich davon keine Ahnung hatte, konnte ich mir dann die Schmerzen in den Brüsten nicht erklären. Bis ich mich dann zu einem Arzt getraut habe war es schon zu spät. Alles hatte sich entzündet. Es wurde eine lange und schmerzhafte Zeit bis dies wieder reguliert war. Da ich zudem noch sehr unterschiedliche und sehr große Brüste hatte, bekam ich mit der Zeit immer wieder Schwierigkeiten mit dem Rücken und Kopfschmerzen. Da auch Brüste für mich nicht mehr attraktiv waren, habe ich alle Hebel in Bewegung gesetzt, damit diese soweit als möglich entfernt wurden. Immer wieder habe ich mir die Brüste aufgeschnitten, damit dieser Druck in den beiden Kugeln nachlässt. Diese tiefen Schnitte haben sich entzündet, zum Schluss hatte ich 2 eiternde große Kugeln vor mir die mich höllisch schmerzten. Ich bestand darauf, dass man mir die Brüste komplett abnehmen sollte, doch ich hatte das Glück an einen sehr kompetenten Mediziner zu gelangen, der mir es schmackhaft und wünschenswert machte, mir meine Brüste soweit wie möglich zu erhalten. Zu dem Zeitpunkt war zum Glück die Möglichkeit, mir das Endprodukt am Computer zu zeigen, schon so weit. So habe ich mir damals meine eigene Brust selbst ausgesucht. Genau so wie ich sie wollte. Zu dieser Zeit war ich auch wieder einigermaßen glücklich mit meinem Körper. Ich konnte ihn wieder Akzeptieren da ich dann nur meine Brüste ansah und die waren ja so wie ich sie wollte.

Irgendwann, ich hatte ja sowieso alle Achtung vor mir selbst verloren, lernte ich dann in einer Gaststätte beim Würfeln und Spielen einen Mann kennen. Ich weiß nicht was da passiert ist, eines Morgens kam ich zu mir und stellte fest dass ich mit ihm zusammenlebte, bis er krank wurde. Da ich ja nichts anderes gelernt hatte als zu funktionieren und wie eine Frau zu sein hat, war das zusammen leben mit ihm zwar nicht einfach, einfach halt so wie es nicht anders kannte. Die Frau macht den Haushalt. Immer und zwar zu 200% dabei ging ich noch 100% Vollzeit arbeiten. Es war nicht einfach. Denke ich war nur mit ihm zusammen weil ich das allein sein nicht ertragen konnte. Wusste nichts mit mir selbst anzufangen. Meine kleine süße Tochter wurde mir weggenommen. Ich ertrank immer noch im eigenen Schmerz. Da war es doch einfacher mich auf einen anderen Menschen zu konzentrieren, zu funktionieren. Einfach nur zu existieren, nur nicht fühlen. Gefühle abspalten und am besten diese dann verlegen und vergessen wo sie sind und wie sie sich anfühlen.

Es war wie eine Wohngemeinschaft. Mehr konnte es aus meiner heutigen Sicht gar nicht gewesen sein. Denn es war ihm doch egal wie es mir ging. Und mir? Ich weiß nicht ob dieser Mann mir wirklich irgendwann mal etwas bedeutet hatte. Vielleicht ganz zu Anfang. Als ich mit meinen Wünschen und Anliegen kam, wurde alles als nichts abgetan. Das tötete alles in mir. Ich kam dann wieder einmal mit Wünschen. Wollte den Führerschein machen. Sprach mit ihm darüber, und bekam als Antwort, Nein! Du brauchst das nicht. Wir wohnen in der Stadt da ist ein Auto unnötig. Er kannte mich ja, denn wenn ich den Führerschein habe will ich auch ein Auto. Er konnte aus medizinischer Sicht keinen machen. So sagte er einfach „ich würde sowieso nie mit dir fahren, ich setzt mich doch nicht in eine Auto welches eine Frau fährt". So gab ich mich zufrieden, denn er war ja älter und ich lernte von klein auf, die Älteren und die Männer haben immer Recht. Irgendwann fing ich dann an mich wieder nach einem Kind zu sehnen. Einem das mir gehört, dass ich lieben und verwöhnen kann. Ich bettelte und fragte. Da kam es zu immer häufigeren Streitereien. Ich konnte es nicht verstehen. Er wollte keine Kinder. So einfach war das. Es hatte nichts mit mir zu tun. Es war seine Lebensplanung und da hatte ich nichts dabei zu suchen. Ich projizierte dies auf mich persönlich, ich sah nicht über meinen Tellerrand hinaus. Damals fing ich an zu Trinken. Denn der Alkohol, der packte mich in eine weiche Welt, da spürte ich den Schmerz nicht mehr so sehr. Und wenn ich tagsüber Schmerzen hatte, nahm ich immer schnell 1 oder 2 Tabletten, damit ich die Zeit bis zum Feierabend überstehen konnte. Sollte es einfach zu schmerzhaft sein, gab es ja immer noch eine Nadel. Dann öffnete ich mir wieder mal eine

Ader. Meist trug ich Hosen, da vielen die blauen Flecken nicht auf, da sie keiner sah. Sollte ich mich mal an sichtbaren Stellen aufgestochen habe, konnte ich immer sagen ich wäre ein Duppel gewesen und hätte mich gestoßen. Wenn mein Hausarzt diese Flecken sah, meinte er immer wieder, ich würde mir so selbst meine Thrombosen an züchten. Ich sollte doch bitte dies lassen. Es wäre Lebensgefährlich.

Dadurch fühlte ich mich wieder wie 11 Jahre alt. Als Frau ungeeignet. So wurde ich immer wieder und immer häufiger krank. Ich bekam immer wieder Ovarzysten. Diese wurden dann immer schmerzhafter. Also hieß es wieder ab in die Klinik. Den Bauch aufmachen und die Teile zu entfernen. Als mir das nicht mehr reichte, bekam ich furchtbare Schmerzen in und an der Gebärmutter. Zum Schluss blieb nichts anderes mehr übrig als diese zu entfernen. Endlich war sie draußen. Ich brauche sie ja nicht mehr. Ich sollte ja keine Kinder mehr bekommen, weil mein Freund und Lebensgefährte keine wollte. Nun brauchte ich mir keine Gedanken mehr zu machen, dass es ausversehen passieren könnte. Ich sparte Geld, musste mir keine Pille mehr kaufen. Brauchte nicht mehr aufpassen. Das wichtigste war trotzdem, ich musste meine Kinderwünsche begraben, denn es ging ja nun nicht mehr. Daher war ich ja nicht Schuld daran, sondern einfach der unmögliche Körper der mir es einfach nicht gewährte. Als mein Freund damals noch krank wurde drehte er sich um 180 Grad vom liebevollen Menschen zu einem rüden Schläger wurde. Was doch irgendwie überhaupt nichts ausmachte. Denn so bekam ich doch wieder seine Aufmerksamkeit. Ich reizte ihn mit voller Absicht, nur damit er sich mir wieder zuwandte. Um Aufmerksamkeit bettelnd wurde ich zur streitsüchtigsten Frau. Da er durch seine Krankheit nicht arbeiten konnte, war er ja daheim. Er rührte keinen Finger im Haushalt. Warum auch? Ich hatte ja bisher alles für ihn getan. Nun wurde ich zickig, wenn ich von der Arbeit kam, stellte ich mich in die Küche zum Essen machen. Das Geschirr vom Vorabend stand immer noch in der Spüle. Ich wurde immer wieder so zornig, dass ich nun einfach die gebrauchten Teller wieder auf den Tisch stellte. Gut am nächsten Tag musste ich neues Geschirr kaufen. Auch mein Arzt bekam einen Besuch von mir. Musste mich mal wieder nähen lassen. Und trotzdem musste ich ihn reizen. Bettelte jeden Tag aufs Neue nach Schlägen und Beleidigungen. Ich brauchte diese Aufmerksamkeit wie die Luft zum Atmen. Ich hatte vor mir eine Entschuldigung, musste mich nicht mehr selbst verletzen, denn dies tat er ganz von allein. Die Beziehung war doch schon lange kaputt. Ich wollte es nur nicht zugeben, denn ich hätte ja wieder versagt, und ich würde mich seiner Aufmerksamkeit entziehen. Ich nahm also jede Kontrolle seinerseits, und alle Schläge hin, denn sie zeigten mir doch eine Art der Gefühle. Ich konnte selbst diese Beziehung nicht beenden. Trotz aller Demütigungen und Schmerzen. Irgendwie sog ich diese sogar in mich auf. Ich brauchte seine Nichtachtung wie die Luft zum Atmen.

Denn besser dies als allein sein. Ich hatte mich zum reinen Opfer herausgemacht.

Wollte ich morgens in die Firma zum arbeiten gehen, durfte ich das nur wenn ich vorher die Wohnung sauber hatte. Sprich die Küche und das Bad muss glänzen. Es könne ja sein, dass mein Lebensgefährte Besuch bekam, während ich noch auf Arbeit bin Wenn ich einmal nur um Minuten zu spät nach Hause kam, konnte es sein, dass er mich stundenlang vor der Türe stehen ließ. Einen Schlüssel hatte ich nicht mehr, den hatte er mir schon lange vorher abgenommen. Wenn er dann Sonntagmorgens gegen Sonnenaufgang, mit jeglichem Alkohol abgefüllt, mit seinen Freunden im Schlafzimmer stand, konnte ich mich doch glücklich schätzen. Denn alle hatten Hunger und ich durfte dann Essen kochen, erst etwas sehr schnelles, wenn ich keine Schläge wollte, und dann ein richtiges Essen. Nach dem Kochen wieder schlafen zu gehen war indiskutabel, denn wer räumt denn das Geschirr dann in die Küche? Wer spült ab? Einmal fuhren wir in Urlaub, sprich er fuhr in Urlaub um sich von seiner arbeitslosen Krankheit zu erholen, ich durfte in dieser Zeit dann in der Hotelküche regionale Spezialitäten zubereiten. Ansonsten war ich zu nicht zu gebrauchen. Ab und an veranstaltete der Wirt dieses Hotels einen spaßigen Abend, er lud zum Dartspiel mit einer Armbrust ein. Ich hatte schon seit ewigen Jahren nicht mehr so gelacht wie an diesen Abenden. Schlagartig hatte ich eine Rückhand im Gesicht, dann wurde mir gesagt ich solle mich zusammennehmen so würde man sich als Frau nicht bewegen. Ich ging rein in unser Zimmer und wartete bis er dann Stunden später Sturzbetrunken nach oben kam. Ich konnte bis dahin nicht ins Bett oder schlafen. Denn ich musste ihm ja beim Ausziehen und zu Bett gehen helfen. Als ich dann nach dem Urlaub immer wieder und öfter mit gebrochenen Knochen und Platzwunden zur Arbeit kam, holte meine damalige Chefin mich dort aus der Wohnung heraus. Es war sehr problematisch meine Sachen zu bekommen. Zum Schluss ging es nur so, dass mein damaliger Lebensgefährte der Polizei meine Papiere aushändigte und die Wohnungstüre dann verriegelte. Mehr bekam ich aus der gemeinsamen Zeit nicht. Zu der Zeit hatte ich zum Glück schon meinen festen Arbeitsplatz im öffentlichen Dienst. So hat mich die Arbeit aufgefangen. Ich wurde von Jahr zu Jahr härter und kälter. Keiner hatte mehr eine Chance an mir heran zu kommen. Ich deckte mich mit allem Möglichen ein. Kaufte ein als wäre ich Millionär. Alles Zeug, was ich eigentlich überhaupt nicht brauchte. Als ich dann wieder daheim war und die Sachen ein paar Tage lang angesehen hatte, habe ich sie unter den Kolleginnen verschenkt. Ich konnte sie ja nicht gebrauchen. Da habe ich festgestellt, durch viele Geschenke kann man sich Leute verpflichten. Wenn es hieß, kannst du mir bitte da oder dort helfen, war ich selbstverständlich immer dazu bereit. Als man mich dann dafür bezahlen wollte, tat ich beleidigt. Dadurch würde ich immer wieder eingeladen, war nicht mehr alleine. Dass die Kollegen dies nur aus Pflichtgefühl taten merkte ich nicht. Ich dachte doch wirklich sie wären an mir interessiert. Was war ich doch für ein naives kleines Kind von über 30 Jahren.

Dann traf ich meinen Mann. Das war irgendwie witzig, dieses Kennen lernen. Ein guter Bekannter sagte mir mal, du ich habe da einen Kollegen, der ist geschieden und sehr allein. Irgendwie denke ich ihr würdet sehr gut zusammen passen. So lies ich es zu, dass dieser Bekannte einen Termin machte wo ich seinen Kollegen kennen lernen konnte. Wir haben uns gesehen und gemocht. Hatten sehr viel Spaß miteinander. Konnten gemeinsam über die gleichen Sachen lachen. Es machte uns beiden große Freude auf der Fußgängerzone zu sitzen und über die vorbei gehenden Menschen zu lästern. Die gleichen Filme, die gleiche Musik, alles passte irgendwie so richtig zusammen. Es fühlte sich gut und richtig an. Wir zogen doch recht schnell zusammen und heirateten ein Jahr später. Am Hochzeitstag sagten uns seine Kinder aus erster Ehe, sie würden ab sofort bei uns wohnen.

So stand ich plötzlich vor einer für mich fast unlös-baren Situation. 100% Vollzeitarbeit dazu noch eine große Familie nebenher zu versorgen. Mich habe ich dabei vollkommen ausgeblendet und was man nicht mehr sieht, wird gern und schnell vergessen. Mich hatte ich total damit überfordert, doch wem sollte ich das sagen? Mein Mann meinte immer entweder ich akzeptiere seine Kinder, was ja an sich kein Problem für mich wäre da ich selbst keine hätte, oder er müsste mich verlassen. Denn seine Kinder gingen ihm immer vor. Damals rief ich meine ehemalige Heimleiterin an, fragte sie wie ich das nur schaffen sollte. Von ihr bekam ich gesagt, jede Frau wächst an ihren Herausforderungen. Ich solle mich einfach der Situation stellen und es würde alles wunderbar funktionieren. Sie wisse das, denn sie kenne mich ja sehr gut. Ich meinte, zu dieser Zeit, immer ich würde diesen Mann lieben. Heute weiß ich es anders. Ich habe einfach funktioniert. Habe getan was von mir erwartet wurde, reagiert und gelebt wie die Welt von einer Ehefrau erwartet. Morgens, mittags, abends und nachts, ich war immer zur Stelle. Als mich meine Familie immer weniger brauchte, habe ich mich mit Terminen und Hilfeleistungen bei Bekannten und Kollegen unentbehrlich gemacht. So kam ich weiterhin nicht zum durchatmen, musste mich nicht mit mir auseinander setzten. Ab und zu einmal, 1 oder 2 Stunden, allein und frei zu sein, ist ganz schön, in diesen Zeiten habe ich mich mit einem Roman in die Badewanne zurückgezogen und gelesen bis das Buch fertig gelesen war, oder ich einen Termin hatte.

Ich lebte als eine Blüte von vielen spitzen Dornen und Nadeln umgeben. Jeder der mich nicht verstand war doof und wollte mir nur Böses. So fing ich an auch meinen Kopf zu vernachlässigen. Ich redete nach dem Willen der anderen. Ich fing wieder an mich zu verstellen. Auch wenn das Herz weinte, die Augen strahlten mit der Sonne um die Wette. Ich spielte für alle und jeden den Clown. Nur damit niemand hinter die Fassade sah und meinen Schmerz dort fand. Ich deckte mich zu mit zusätzlicher Arbeit. Ich bettelte in der Firma nach Überstunden. Zudem war es toll zu Arbeiten. Mein Vorgesetzter zu dieser Zeit war ein ungezügelter, inkompetenter, kollerischer Mann, der beste Sparringspartner den ich mir wünschen konnte. Sobald ich in meinem Dialekt redete ging dieser Mensch schon an die Decke, brüllte sofort herum. War ich selbst auf mich wütend, baute ich ihn mit einer Präzision auf, wobei ich doch ganz genau wusste er dreht gleich ab. Dies gab mir Macht, gab mir die Möglichkeit mich nicht verletzten zu müssen. Als er dann vollkommen durchdrehte in seinem Wutanfall, lies ich es zu, dass er mich verletzte. Dann zeigte ich ihn an wegen Tätlichkeit eines Vorgesetzten an seiner Mitarbeiterin. Was Idiotisch gewesen ist, denn die Verletzung war nicht schlimm, zudem war ich selbst der Auslöser, ich hatte ihn provoziert auf Teufel komm raus. Diese Tat brach ihm geschäftlich das Genick und ich hatte meine Genugtuung.

Ich litt die letzten Jahrzehnte immer wieder unter somatoformen Störungen. Keiner wusste genau was mir fehlt, es wurde halt der Körper aufgemacht, etwas herausgenommen und dies immer und immer wieder. Es wurde nur dir Jetzt Situation behandelt nur nach dem Auslöser, der Ursache hat niemand geschaut. Dass ich damit meine Familie und meine Vorgesetzten manipulierte wusste ich damals nicht. Ich war noch viel, viel schlimmer als alle anderen. Denn es ist doch niemandem möglich eine kranke Frau einfach zu verlassen oder zu kündigen. Mit der Zeit konnte ich meine Arbeit nicht mehr ausüben, man suchte für mich eine andere Stellung. Dachte wie schön wäre es doch wenn ich mein Technik Interesse zum Beruf machen würde. Von diesem Tag an, habe ich keinerlei Alkohol mehr angefasst, ich verlagerte nun meine Sucht, total von Alkohol auf Medikamente. Ich wurde angenommen im öffentlichen Nahverkehr. Es war seit vielen, vielen Jahren das erste Mal wo ich wirklich für mich glücklich war. Diese Tätigkeit, füllte mich aus. Dieses Arbeiten machte mich zufrieden und glücklich, ist es nicht toll, wenn sich so viele Menschen einem anvertrauen? Wie können die denn überhaupt mit mir fahren? Sie kennen mich doch nicht, sie wissen nicht wer und was ich bin.

Ich hielt in meiner Ehe still. Nicht schon wieder verlassen werden. Nicht schon wieder wegen anderen alles verlieren. Ich tat was er von mir verlangte. Er machte es mir als anonyme Autorität klar, sprach es niemals direkt aus. Es war immer nur das mulmige diffuse Gefühl. Also funktionierte ich im Hinterkopf die permanente Verlustangst. Einmal wollte ich doch geliebt werden, Ich als Mensch, als vollwertiger, liebevoller Mensch. Ich flüchtete mich in Krankheit, denn soweit kannte ich ihn, er würde mich, als kranke Frau niemals verlassen. So bekam ich wieder meine Zuwendung die ich doch so dringend brauchte. Ich bekam dann eine vierwöchige Rehabilitation. Dort fühlte ich mich sehr unwohl. Ich wollte nach Hause ins gewohnte. Zudem kam ich nicht damit zurecht, dass man mir dort Vorschriften machte. Tun sie das so oder so. Ich wollte nicht. Da ich in diesem Falle mich wieder fühlte wie im Heim, habe ich sofort vom ersten Tag an gestreikt. Habe meine Mitarbeit verweigert. Die Therapeuten dort in dieser Klinik hatten es sehr schwer mit mir zu dieser Zeit. Damals hatte weder ich noch mein Arzt daran gedacht, dass ich an der Psyche erkrankt sein könnte. Nur Körperich war nichts mehr zu erkennen. Mein Mann war mit seinen Kindern allein. So dringend wollte ich nach Hause, dass ich mich beim Sport selbst verletzte. Hatte da ja 35 Jahre Übung darin.

Es wurde so schlimm mit mir dort, mein Mann kam mich nach Hause zu holen. Auf dem Heimweg eröffnete mir mein Mann dann in einer Fahrpause bei einem Kaffee, er hätte eine andere Frau kennen gelernt. Ich bräuchte mir deswegen keine Sorgen machen, sie ist verheiratet, und er wüsste ja wo er hingehören würde. Diese Frau suchte dann auch meine Freundschaft. Dumm wie ich war nahm ich an. Ich wusste ja nie wirklich was Freundschaft ist, hatte das nie gelernt oder gelebt. Sie ist eine sehr dominante Persönlichkeit, und ich musste feststellen, mein Mann ist ein schwacher Mensch. Er ging immer und immer wieder zu ihr. Ließ mich immer wieder allein daheim. Nirgends konnten wir mehr alleine hingehen, immer mussten die Frau und ihr Mann dabei sein. Ob Urlaub oder Familienfeste.

Nach einem Jahr Fahrdienst, kam dann die Katastrophe, ich weiß es noch wie Heute. Es war an einem Abend Ende Oktober. Die letzte Runde fahren, dann einrücken und den Zug Abstellen. Schon auf dem Weg zur letzten Endstation bemerkte ich, dass mein Zug nicht mehr richtig in Ordnung war. An der Endstation gab ich meiner Leitstelle über diesen Defekt am Zug Bescheid. Da ich ja zum Einrücken fuhr und gleich dann Feierabend hätte. Sagte ich, ich würde den Zug in mein zuständiges Depot bringen. Jede zweite Haltestelle musste ich den Zug Stromlos machen. Daher kam ich nur mit 15 km/h von der Strecke. Ein suizidaler Mann, er wollte nicht mehr, er lief einfach aus einem Gebüsch heraus und frontal in meinen Zug. Ich konnte nicht mehr rechtzeitig anhalten. Was für ein Schock, ich habe einen Menschen totgefahren! Das warf mich um. Die Fakten waren klar. Ich hatte einen defekten Zug. Musste die Haltestelle vorher noch den Zug komplett Stromlos machen. Daher konnte ich die nächsten Meter nur sehr langsam fahren. Doch ich konnte den Zug nicht wirklich rechtzeitig zum Stillstand zu bringen. Ich setzte einen Notruf ab, nur mein Funk war auch defekt. Die Leitstelle konnte mich zwar hören, aber ich konnte ihren Ruf nicht aufnehmen. So saß ich mit meinem Schock und aller Panik alleine da. Irgendwie hatte ich doch Glück im Unglück. Es war ein Fahrgast mit seinem Fahrrad im Zug, gleich hinter mir, an der ersten Türe. Dieser musste sich psychologisch gut ausgekannt haben. Denn dieser Fahrgast verdonnerte mich dazu, mich um sein Fahrrad zu kümmern. Ich solle nur aufpassen, dass es sich nicht bewegt, keinen Millimeter. Ich war so damit beschäftigt aufzupassen, dass ich nicht vollständig in Panik verfallen konnte, denn ich hatte eine Aufgabe. Innerhalb von wenigen Minuten waren meine Kollegen mit dem PKW bei mir. Auch die Polizei, Feuerwehr und die Kollegen vom Krisen-Interventions-Dienst. Diesen habe ich abgelehnt, denn ich war der Meinung es stünde mir nicht zu und mein Mann könne sich ja am besten um mich kümmern. Einer meiner Kollegen rief dann meinen Mann an, da es Feierabendverkehr war, musste ich doch fast 1 Stunde warten bis mein Mann bei mir war. In der Nacht hatte ich plötzlich die ganze Wohnung voll mit Kollegen. Jeder spekulierte was mir passiert war und wie ich reagiert hatte. Das einzigste was mir im Kopf blieb, war die Frage „hast du überhaupt eine Vollbremsung gemacht?" Dies brachte mich total durcheinander. Ich redete und redete. Am nächsten Tag kam unsere Psychologin der Firma. Sie betreute mich zu Anfang. Sie meinte auch ich solle darüber immer und immer wieder reden. Mein Mann kam damit nicht mehr klar, er meinte nur ob es für mich nichts anderes mehr zum Reden gäbe. Dann ging ich zu einem externen Therapeuten damit ich Hilfe in meiner posttraumatischen Situation bekam. Leider traf ich dort wieder an einen falschen Therapeuten. Dieser Therapeut sagte zu mir „Stellen sie sich nicht so an, anderen ihrer Kollegen ist das auch schon passiert und sie fahren noch". Also hab ich dem Psycho-therapeuten seine Zeit nicht mehr gestohlen, bin nie wieder dorthin gegangen, denn es gab ja Kranke die ihn dringender brauchten als ich. So habe ich aufgehört über den Unfall zu reden, habe es geschluckt und bin gleich wieder arbeiten gegangen. Denn wie sagt man? Fällst du vom Pferd, steig gleich wieder auf bevor du Angst vor dem Pferd bekommst. So fuhr ich wieder, es ist doch nichts dabei jemanden totgefahren zu haben, anderen Kollegen ist das auch passiert und sie fahren ja auch weiter. In den Tagen, Wochen, Monaten und Jahren nach dem Unfall kam es mir dann immer wieder in den Sinn, hast du alles richtig gemacht? Hättest du anders reagieren können? Auch bekam ich vom Gericht einen Freispruch. Doch trotzdem, ich weiß es ja vom Kopf her, nur das Gefühl, das spielt einfach nicht mit. Nun, wie wurde mir immer gesagt? Alles was dich nicht umbringt macht stark. Also keine Müdigkeit vortäuschen. Aufraffen! Anziehen und wieder auf den Zug, nicht dass du vor dem Fahrzeug noch Angst bekommst. Das erste, was ich nach meinen Unfall vom meinen Kollegen hörte war, willkommen im Club der Toten. Das schluckst du oder du gehst wieder nach Hause. Am zweiten Tag nachdem ich wieder alleine fuhr, gleich ein nächster Unfall. Ein VW-Bus fuhr mir in die vordere Seite. Irgendwie hab ich das gar nicht mehr richtig registriert. Augen zu und durch. Du wirst jetzt nicht schlapp machen. Du fährst! Andere schaffen das ja auch, wieso du also nicht?

An einem Geburtstag, meines Mannes, habe ich mich Stundenlang in die Küche gestellt, habe gebacken und gekocht. Als dann die Gäste alle eingetroffen waren kam die Freundin meines Mannes, mit ihrem Mann als letzte an. Sie kam mit einem Auto voll Kuchen, Torten und Häppchen. Mein lieber Mann machte in der Küche und auf dem Büffet sofort Platz und stellte mein Gekochtes und Gebackenes alles ganz nach Hinten und zur Seite. Ich stand zwischen circa 20 Leuten ganz allein. Schaute mir das alles an. Irgendwie hatte ich mich an den Gästen und meinem Mann so hochgeschaukelt, dass ich plötzlich hinging, alle Gerichte, Torten und Kuchen von seiner Freundin nahm und alles in den Müll warf. Dann öffnete ich die Haustüre und verkündete die Party wäre vorbei. Keiner unserer Gäste, auch mein Mann nicht, wussten was so plötzlich mit mir los war. Jeder auch ich war erschrocken vor meiner Reaktion. Nur ich war so total, so furchtbar verletzt, jeder lobte die Freundin meines Mannes für das leckere Essen, die Kuchen und Torten aber keiner sagte ein Wort zu meiner Arbeit. Keiner achtete mich. Es fiel bis dahin sogar niemandem auf, dass ich auch in der Wohnung war. Jeder sah mich und doch nahm mich keiner wahr, kam mir vor wie eine Angestellte des Hauses. Mein Mann war Hauptperson, sicher, nur dann kam sofort seine Freundin, ich war mehr oder weniger nur eine unbezahlte Hausangestellte. Jemand den man für alles Verantwortlich zeigen konnte, jemand der jeden Mist und Müll wegräumt, ein Schiedsrichter zwischen den Kindern. Die Feuerwehr wenn mal wieder etwas vergessen wurde oder schnell besorgt werden musste. Sie zog auch seine Kinder in ihren Bann. In kurzer Zeit habe ich dann auch meine Familie komplett an sie verloren. Ich stellte meinen Mann vor die Wahl entweder er reduziert die Freundschaft und die Zeit die er mit ihr verbringt, oder ich gehe.

Auch die Kinder, hauptsächlich der Jüngste, brachten mich an den Rand des Zusammenbruches. Sie kamen immer wieder pampig daher. Wenn mein Mann nicht daheim war, war ich der reinste Scheuerlappen für die Kinder. Da wurde Beleidigt und fertig gemacht. Eines Tages kam ich von der Arbeit nach Hause und fand ein Schlachtfeld vor in der Wohnung. Da war nichts mehr wo es sein sollte, ich rief sofort meinen Mann an und der kam auch gleich heim. Wir dachten wirklich er wäre eingebrochen worden. Als die Polizei dann wieder weg war, haben wir im Nachhinein erfahren, dass die Kinder „nur" ihre Zimmer tauschen wollten und dann keine Zeit mehr war, da sie ja in die doofe Schule mussten. Zudem gab es immer wieder und immer häufiger Probleme mit dem Kleinsten. Er beschuldigte mich immer und immer wieder „sein" Geld zu stehlen. In der Schule erzählte er die schlimmsten Geschichten, als wir davon erfuhren, meinte ich zu meinem Mann, der Junge mit seinen damals 12 Jahren müsste unbedingt in eine Therapie. Die Antwort darauf war für mich vernichtend, wenn du nicht in der Lage bist meinen Sohn richtig und liebevoll zu erziehen kannst du gehen. Mein Kind ist nicht dumm der braucht keinen Therapeuten. Ich schwieg mal wieder auf die Vorwürfe. Dann einige Zeit später kamen immer wieder Gespräche mit den Lehrern dazu, plötzlich fehlte, in den Umkleiden des

Schwimmbades und der Sporthallen, die Wäsche von einigen der jungen Mädchen. Laufend wurden Elternabende einberufen. Irgendwann in dieser Zeit kam auch meine Stieftochter zu mir und beklagte den Verlust von guter und teurer Wäsche. Wir konnten uns nicht Vorstellen wo diese geblieben sein konnte. Dann musste ich feststellen, dass auch bei mir immer wieder, immer wieder Wäsche fehlte. Mein Mann sagte mir nur Schlamperei nach oder dass ich die Wäsche selbst entsorgt hätte. Als ich meinem Stiefsohn mal wieder die frische Bettwäsche hinlegte und ihn bat diese zu wechseln, konnte ich wie so oft, Tage betteln. Ich hatte so die Nase voll. Nur die Kinderzimmer waren „heilig" waren Privatsphäre von den Kindern. So ging mein Mann in das Zimmer seines Sohnes und zog das Bett ab. Als er die Matratze wendete, fand er den ganzen leeren Raum darunter voll mit Wäsche. Das war hart. Als wir ihn dann zu rede stellten, meinte er nur stellt euch doch nicht so an, ist doch ganz normal. Und man kann es nicht glauben, mein Mann gab ihm da vollkommen Recht. Zu mir sagte er nur, macht ja nichts, kann man alles wieder waschen, dann ist es wie neu.

Als das Kind dann einmal in der Schule beim Sport stürzte, erzählte er den riesigen blauen Fleck, auf seinem Arm und Rücken, hätte er von meinen Schlägen. Dabei habe ich niemals auch nur daran gedacht eines der Kinder zu schlagen. Durch seine Pubertät und die damit eingehende Trotzphase, wurde er immer extremer. Zum Schluss endete dies damit, dass er sich in den Flur setzte um sich selbst zu befriedigen. Hauptsache er konnte mich Ärgern und zur Weißglut treiben. Denn er wusste bis dahin ich würde ihn nie bei seinem Vater verpetzten. Bisher habe ich immer alles mit den Kindern alleine ausgemacht. Dies konnte ich nun nicht mehr durchgehen lassen, damit kam ich alleine nicht mehr zurecht. So bat ich meinen Mann einmal mit mir unerwartet heimzukommen. Diese persönliche Beleidigung hatte dann aufgehört, es waren dann nur noch kleine Nichtachtungen. Damit kam ich klar dachte ich, ich ignorierte diese Ausbrüche von seiner Seite einfach soweit es ging. Ich fühlte mich trotzdem verletzt, benutzt und für nicht geeignet entsorgt.

Wir unternahmen einen neuen Versuch unsere Ehe wieder zum laufen zu bekommen. Nur es lag soviel im Argen. Wir fuhren das erste Mal alleine für 3 Tage weg. Was freute mich, ich dachte wirklich ich hätte meinen Mann für mich. Welch ein Trugschluss. Am Abend trank er übermäßig, schickte mich schon mal vor in Bett. Als er dann auch ins Zimmer kam, musste er erst noch mit seiner Freundin telefonieren. Es ging nicht einen Tag ohne sie. Am nächsten Morgen war er dann übelgelaunt. Erst als das Telefon klingelte und von ihr ein guten Morgen kam, war er wieder zu genießen. Da bin ich doch vollkommen überflüssig, nicht? Für mich fühlte es sich so an. Als wir wieder daheim waren, war die Freude bei den beiden groß. Eines Tages hatte ich einen freien Tag, ich stellte mich in die Küche und kochte meines Mannes Lieblingsessen. Als er Abend heimkam sagte er mir, mach dich bitte schnell fertig wir gehen essen. Da hab ich wortlos die Arbeit des Tages in den Müll geworfen. Ich sah das glitzern in seinen Augen. Seine Freude mit seinen Freunden wegzugehen, wie könne ich da darauf bestehen, dass er bei mir isst? Habe mich gerichtet und bin Zorn bebend und Wutgeladen mitgegangen. Irgendwann eines Abends lehnte ich mich an ihn kuschelnd an. Er sagte er wäre müde, aber wenn ich morgenfrüh auch noch Lust hätte könne ich ja den Wecker 30 Minuten früher stellen. Ich ging frustriert und verletzt ins Bett. Dann hörte ich ihn mit seiner Freundin telefonieren. Welch ein Hammer, er sagte zu ihr, „du ich kann dich morgen erst später anrufen, ich sollte mal wieder meine Frau bedienen". Das war der Tropfen der das Fass zum überlaufen gebracht hatte.

Das erste Mal in meinem Leben, lebe ich mit mir allein

Am nächsten Tag fing ich an mit packen. Ging in die Firma und fragte nach einer Wohnung für mich. Eine Woche später war ich ausgezogen und hatte die Scheidung eingereicht. Der erste Tag allein! In meinem ganzen Leben war ich noch nie wirklich so allein. Niemals wissentlich allein in einer Wohnung, in dem Wissen es kommt auch niemand mehr, du bist allein. Da hatte ich einen Zusammenbruch, ich litt sehr große Schmerzen, ich rief den Rettungswagen und sie brachte mich sofort in das nächstliegende Krankenhaus. 6 Wochen später wurde ich dann wieder frisch operiert entlassen. Da hieß es wieder nach Hause in eine leere Wohnung. Ich hatte furchtbare Angst vor dem allein sein. Ich schloss alle Läden, die Helligkeit machte mich verrückt. Oft lag ich stundenlang in der Badewanne, ich bemerkte nicht einmal als das Wasser kalt wurde. Auch trieb ich mich wieder stundenlang im Internet herum. Immer auf der Suche nach den suizidalen Foren. Ich wurde immer kränker, musste laufend in die Klinik, wurde x-mal operiert. Wenn ich „gesund" war freute ich mich täglich auf das Fahren. Ich fuhr jeden zusätzlichen Dienst. Ich überforderte mich permanent, mit voller Absicht. Wurde durch die Überforderung auch gegen fremde Leute aggressiv. Immer wieder musste ich mich ablösen lassen, da ich mich sonst eventuell nicht mehr unter Kontrolle hätte und die Möglichkeit bestünde, dass ich einen fremden Menschen schlagen würde. Konnte die Leere in der kleinen Wohnung nicht ertragen. Wenn es zwischendurch mal klingelte erschrak ich ohne Ende. Wer will denn nun wieder was von mir. Ich bettelte um Aufmerksamkeit, wenn ich sie aber bekam, stieß ich die Leute zurück. Ich war gemein und unausstehlich. Ich verbarrikadierte mich immer mehr in meiner Wohnung.

So verbrachte ich das erste Jahr allein in meiner Wohnung. Total einsam und allein. Redete mir immer noch und immer wieder ein meinen Ehemann zu lieben. Quantelte bei ihm immer wieder, dachte doch wirklich wenn ich gehe, kommt er bettelnd zu mir und will die Ehe weiterführen. Nur seine Freundin hatte ihn sehr gut im Griff. Als wir den Scheidungstermin bekamen, freute ich mich. Ich dachte gut, machen wir einen richtigen Schnitt. Beenden es gleich ganz und gar. Am Termin selbst war ich schon 1 Stunde früher beim Gericht. Ich hatte Angst zu verschlafen so ging ich erst gar nicht ins Bett. Als meine Anwältin kam, atmete ich erleichtert auf. Jetzt 30 Minuten vor dem Termin war mein Mann noch nicht da, dabei hatten wir ausgemacht wir trinken vorher noch einen Kaffee zusammen. So rief ich ihn an. Er schlief doch tatsächlich noch. Dann war es ein hektischer Morgen für ihn, er musste sich sehr beeilen damit er es noch pünktlich zum Termin schaffte. Als er Eintraf, hieß es gerade alle verschiebt sich um circa 30 Minuten. Wir redeten dann normal miteinander. Es standen viele

Menschen in dem Gang herum. Mein Mann erzählte noch einen Witz, den er in der Nacht zuvor in der Firma gehört hatte. Unser Gelächter schallte durch den Gang. Plötzlich wurden wir aufgerufen. Die Türen öffneten sich und wir durften eintreten. Mit uns zusammen ging noch ein Mann mit hinein, welcher die ganze Zeit über neben uns gestanden hatte. Es stellte sich heraus, dass er uns scheiden sollte, wozu er keinerlei Veranlassung sah. Dieser Richter war doch wirklich der Meinung, nur weil wir noch miteinander lachen konnten, könnten wir doch auch weiterhin verheiratet bleiben. Es war eine gute Diskussion mein Mann mit mir gegen den Richter. Nach gut 1 Stunde ließ sich dieser Richter überzeugen uns zu scheiden. Heute habe ich einen guten Kollegen in meinem Exmann. Das ist viel mehr wert als ein unachtsamer oder schlechter Ehemann. Und wir hatten ja eine saubere Scheidung. Da gab es keine Streitereien ums Geld oder so. Denn wir waren ja beide Erwachsen. Es ist doch besser man trennt sich gütlich bevor der Frust ausbricht und alles in Wut und Zorn zerbricht.

Ich glaube zwar, mein Exmann hat bis heute nicht begriffen was er mir psychisch angetan hat. Nur ich war es gewohnt herum gestoßen zu werden, dass ich ihm das niemals hätte sagen oder zeigen konnte. So wie man sich gibt und zeigt, so wird man behandelt. An diesem Spruch ist viel Wahres daran. Ich baute um mich eine Kapsel mit großen Stacheln. Lebte nur noch oberflächlich in der Welt da draußen. Nur in meiner Wohnung konnte ich noch ich sein. Da war ja niemand der es sehen konnte. Ich durfte ab und an ich sein. Ich konnte wieder weinen, doch nur unter der Dusche ging es wieder. Ich konnte dann diese Tränen auch vor mir entschuldigen. Wenn es mir nach weinen war, dann rieb ich mir Seife in die Augen, nur damit mit einem sichtbaren Grund weinen konnte. Nicht einmal mir selbst erlaubte ich einfach nur so zu weinen.

Mit der Zeit wurde aus der Wohnung eine Burg. Keiner hatte wirklich von mir erlaubten Zugang. Wenn trotzdem jemand mich besuchen wollte, war ich griesgrämig und zickig. So dass ich sehr schnell wieder für mich allein war. Dann weinte ich wieder, weil ich ja so traurig und allein war. Weil keiner sich um mich kümmerte, und weil dies so war, ging ich ins Internet einkaufen. Kaufte mir Müll und unnütze Dinge. Dann wenn ich sie hatte, wollte ich sie nicht mehr. Nur brauchte ich immer länger bis ich meine Post öffnen konnte. Daher lagen die Pakete oft wochenlang in der Wohnung. Dort stapelten sie sich schon Deckenhoch. Wenn ich sie endlich öffnete stelle ich fest, was soll ich mit dem Zeug? Nur die Rückgabefrist war schon lange verstrichen. Ich stelle den Dachboden und den Keller voll. Wenn ich keinen Platz mehr hatte in diesen Räumen, wartete ich auf den Sperrmüll und dann flog mindestens die Hälfte hinaus. Doch musste ich immer das neueste und beste an Elektronik daheim haben. Ob TV, Stereoanlage, DVD-Player oder Telefone, auch brauchte ich immer wieder ein anderes Auto. Keines war mir gut genug. Ich verbrauchte ein

Vielfaches an Geld nur für die Fahrzeuge. Ein Paar Monate später verkaufte ich es mit viel Verlust wieder, denn es gefiel nicht mehr. Dass ich dabei immer tiefer in die Schulden kam registrierte ich überhaupt nicht.

Erst vor kurzen in der psychosomatischen Klinik, habe ich gelernt und festgestellt, ich hatte zwar immer um Aufmerksamkeit gebuhlt, wenn ich sie aber bekam habe ich die Leute sofort vor den Kopf gestoßen, denn sie könnten mir ja zu Nahe kommen und feststellen dass ich einfach nur schwer krank war. Wie sollte ich es denn von anderen Leuten sehen lassen, wenn ich es doch vor mir selbst nicht zugeben konnte. Diese Krankheit, man sieht sie nicht, man spürt sie nur. Also wird sie ignoriert, denn was man nicht sieht, gibt es auch nicht. Somit redete ich mir immer ein, was willst du eigentlich, dir geht es doch gut. Lass dich nicht so hängen. Über Jahre habe ich mich selbst in den Hintern getreten, nur damit ich der Umwelt und meinen Mitmenschen ein heiles und gutes Leben zeigen konnte. Hatte jahrelang einen Freund der sich nie mit mir in der Öffentlichkeit zeigte. Sicher es ging nicht von seiner Seite aus, denn er war verheiratet und hatte 2 kleine Kinder. Er wollte bei mir nur Urlaub von seiner Familie und seiner Arbeit. Jemand der ihn verwöhnt, der sich nur auf ihn konzentriert wenn er mal zu Besuch kam. Ich hatte mir damals eingeredet, dass ich dies auch haben wollte. Dass ich keinen Platz im Schrank hätte sagte ich jedem, der mehr haben wollte. Doch dieses Verhältnis machte mich krank, ich freute mich sehr wenn er zu mir kam und doch bin ich, wenn er ging, stundenlang weinend im Bett gelegen und fühlte mich nur verlassen und benutzt. Das wollte ich doch nicht sein, ich wollte das nicht mehr so, konnte es trotzdem nicht beenden. Denn wenn ich es beende dann bin ich ja wieder allein. So litt ich still vor mich hin, ließ mich über Jahre ausnutzen und benutzen nur damit ich ab und an eine körperliche Bestätigung bekam. So konnte ich zwischendurch ein wenig mit jemandem anderen als mit meinem Fernseher und meiner Stereoanlage reden. Ich konnte schon gar nicht mehr schlafen wenn nicht der Fernseher lief. Es musste immer ein Geräusch zu hören sein, sobald es ruhig in der Wohnung war, war ich hellwach und konnte nicht mehr einschlafen. Wenn ich aus dem Haus ging, auf die Arbeit oder zum Einkaufen, habe ich Licht angemacht beim Verlassen der Wohnung. Diesen Tick habe ich heute immer noch, wenn ich aus dem Haus gehe und weiß, dass ich bei Dunkelheit oder Dämmerung heim komme, mache ich das Licht in der Wohnung an denn so sieht es nicht allein und verlassen aus.

Mit der Zeit bekam ich in der Hausgemeinschaft immer wieder Ärger. Denn sagte mir jemand guten Tag hörte ich das oftmals überhaupt nicht. Ich registrierte niemanden mehr wirklich. So wurde ich immer wieder kontrolliert von meiner Nachbarin. Dies blockierte mich so sehr, dass ich dann in eine andere Gegend und eine andere Wohnung zog. Es machte mir sehr viel Freude die neue Wohnung zu streichen und die Fußböden zu richten. Kurz nach dem Umzug den ich zu 80% allein bewerkstelligt hatte, brach ich zusammen. Ich bekam einen kompletten Zusammenbruch und dies wieder während der Arbeitszeit, da ich wegen einem Umzug und ein wenig Renovierung keinen Urlaub nehme. Wieder brauchte ich den Rettungswagen, die Sanitäter brachten mich in die Klinik. Die Störungen und Schmerzen wurden mit der Zeit immer schlimmer. Mit jedem Anfall immer mehr. Irgendwann wurde mir dann in der Firma mitgeteilt, dass ich so nicht weiterarbeiten könne. Zu dieser Zeit, mit dem Druck der Firma im Hinterkopf fing es wieder an, dass ich nicht mehr schlafen konnte. Es wurde mit dem schlafen immer weniger, dafür wurden die Schmerzen immer mehr. Schmerzen? Nein, du hast keine Schmerzen. Nimm eine Pille ein und sie sind weg. So kam ich dazu, dass ich meine Schmerztabletten immer öfter brauchte. Ich nahm sie dann schon mal profilaktisch 1 oder 2 mehr, es könnten ja Schmerzen auftreten wenn ich am Fahren bin. Bald half nichts mehr und brauchte ich immer stärkere Medikamente, denn der Körper reagierte mit Entzugserscheinungen da er für die bisherigen Medikamente resistent geworden war. Da diese wirklich schlimm sind, bekam ich immer stärkere Mittel. Auch diese nahm ich nicht nach Anweisung sondern profilaktisch schon mal im Voraus. In immer kürzeren Abständen. Mir fiel da nichts dabei auf. Meine Ausfälle wurden immer schlimmer immer öfter musste ich vom Zug da ich nur noch vor Schmerzen weinend auf der Strecke war. Nur eines gab es noch, was mir Freude bereitete, ich ging Einkaufen. Nein, nicht draußen das konnte ich nicht mehr. Dazu war ich nicht mehr in der Lage. Ich fing an in jedem virtuellen Kaufhaus einzukaufen welches ich finden konnte. Geld hatte ich ja keines, also kaufte ich auf Raten, oder auf Rechnung. Bezahlen? Ich konnte es nicht mehr, war mir dessen nur nicht mehr bewusst. Denn ich machte schon seit Monaten keine Post mehr auf. Ich wusste nicht mehr was alles auf mich zukommt. Deshalb war es doch einfacher die Post liegen zulassen. Ich hatte dafür einen Karton von den Bestellungen noch, da war es einfach da kam alles Altpapier rein wurde zugeklebt und weggeworfen.

Mittlerweile ist mir klar geworden, dass ich zu dieser Zeit, in der ich schon eine leichte bis mittlere Depression hatte, plötzlich in eine sehr schwere Depression fiel. Ich brauchte immer mehr Schmerz-mittel, immer noch stärkere und doch nichts half. Dass ich Krank war, sehr, sehr Krank, habe ich nie wirklich gesehen, denn man sah ja nichts, und was man nicht sieht, existiert nicht. Zudem war es doch so einfach. Ich machte komplett zu, ließ keinen Menschen mehr an mich heran. Ging zur Arbeit, wieder nach Hause. Mehr wollte ich nicht. Nur meine absolute Ruhe. Mit der Zeit war es mir dann auch lästig jeden Morgen die Rollläden zu öffnen. Warum auch? Einkaufen gehen? Essen ist unnötig. Die Wohnung putzen? Wofür? Da ich ja nichts mehr mache daheim, wird ja auch nichts schmutzig. Da ich nicht mehr koche, muss ich auch nichts abspülen. Zum Schluss hatte ich mir sogar Papierteller und

Tassen besorgt. Die wirft man weg wenn sie oft genug gebraucht sind. Warmes Essen muss ja nicht sein, das verbraucht unnötig Strom, ein Brot tut es auch. Und wenn ich mal Lust auf etwas Warmes hatte machte ich mir ein wenig warmes Wasser mit einem Brühwürfel. Damit dies Nahrhafter ist, oder ich nicht so schnell wieder Hunger bekam habe ich da noch einen Löffel Mehl eingerührt. Ich grübelte, weinte und ging arbeiten. Vor lauter Grübeln kam ich nicht mehr zum schlafen. Zum Schluss war ich sogar so übermüdet dass ich nicht mehr schlafen konnte auch nicht mehr mit Schlaftabletten. So bekam ich eine Auszeit in einem Krankenhaus um mal wieder schlafen zu können. Mehr gab es nicht. Mit jeder Krankmeldung, mit jedem daheim bleiben wurde es schlimmer. Ich fühlte mich nur noch in einer Klinik gut. Dort hatte ich genügend Ansprache, dort konnte ich mit anderen Leuten Reden.

Was für mich immer unverständlich war, war dies, immer wenn ich daheim ging es mir eigentlich gut, sobald ich wieder meine Uniform anzog und zur Arbeit ging, fingen meine Schmerzen an. Das wurde teilweise so schlimm, dass ich vor Schmerzen gekrümmt auf dem Zug saß und mir das Blut aus der Nase strömte. Die Schmerzen wurden heftiger, zum Schluss waren diese einfach nur noch unerträglich. Diese Schmerzen wurden von mir weiterhin ignoriert, denn nichts bringt mich um, ich schaffe das! Es wäre doch gelacht wenn mich vom Leben so ärgern lassen würde. Plötzlich wurde ich Ohnmächtig beim Fahren, oder ich bekam Ausfälle und konnte meine Beine nicht mehr spüren. Immer kürzer wurden die Zeiten bis zum nächsten Klink Aufenthalt. Zum Schluss war ich Patientin vom leitenden Professor selbst, denn keiner konnte irgendetwas finden was mir fehlen würde. Man stellte zwar Kleinigkeiten in meinem Unterbauch fest, nur durch die vielen Operationen im Vorfeld war da wegen zu vielen Verwachsungen nichts mehr zu machen. Der Professor sagte mir ganz klar, dass er nicht mehr den Bauch öffnen könne da er nicht wisse was er dort vorfindet. Sprich jede weitere Operation sei Lebensgefährlich für mich. Ich versuchte mit Tränen und noch mehr Schmerzen den Professor doch noch zu einer Operation zu überreden. Nur dieser feine Mensch, ließ da nicht mehr mit sich Verhandeln. Er verweigerte jegliche weitere Operation da er der festen Überzeugung war ich würde eine weitere nicht mehr überleben.

Dieser Professor war der erste nach vielen Opera-tionen und Jahren der auf die Idee kam es könne ja mit der Psyche zusammenhängen. Dann kam die leitende Ärztin der psychiatrischen Abteilung dieser Klinik zu mir ans Bett. Wir redeten viel und lange miteinander. Die Ärztin hat mir damals ganz vor-sichtig gezeigt was mir wirklich wehtat, was mich wirklich so schmerzte. Sie war sehr verständnisvoll, nahm sich Zeit und hörte zu. Ich denke auch, dass ich so oft und gerne in Krankenhäuser war, lag daran, dass man mir dort zuhörte, man bemutterte mich, versorgte mich. Dabei bekam ich in der Klinik erst richtig

Schmerzen. Was ich lange nicht Begriff warum dies so war. Vielleicht damit ich bleiben konnte? Damit sie mich nicht gleich wieder entlassen? Oder doch weil ich ja in dieser Zeit, meine vielen Schmerzmittel nicht mehr nehmen konnte. Da ich auch zu wenig Trank, bekam ich bei meinen Klinikaufenthalten immer sofort einen Zugang gelegt und wurde mit ausreichender Flüssigkeit versorgt. Nachdem ich körperlich wieder auf der Höhe war, wurde ich mit einer Empfehlung mich in Psychiatrische Behandlung zu begeben entlassen.

Die ersten Schritte zu mir

Nun fing ein großer Kampf mit Ämtern und Behörden an. Ein- bis zweimal die Woche ging es nun zum Hausarzt. Ich mochte ihn, konnte trotzdem mit ihm nicht reden, denn er hat immer soviel Arbeit, und überhaupt es steht mir doch überhaupt nicht zu. Warum sollte gerade er, ein Fremder, sich um mich kümmern? Bin doch nur ich! So bekam er immer wieder als Antwort von mir „Es geht Doc, machen sie sich nur keinen Kopf, ich schaffe das schon". Welch ein Irrtum! Mit jedem Tag, jeder Woche ging es mir schlechter. Er war der einzigste Mensch der sich zu dieser Zeit noch mit mir unterhielt, der mir half. Wir suchten Kliniken und Therapeuten. Er wies mich immer wieder in die verschiedensten Kliniken ein. Jedes Mal musste ich dazu erst die Kostenübernahme der Krankenkasse einholen. Da kam eine Ablehnung nach der anderen. Die eine Klinik hat einen anderen Kostenträger. Die andere Klinik hat ein Jahr bis längerer Wartezeit, die nächste war nicht für mich geeignet. Mit jeder Ablehnung der Kostenübernahme und jeder Klinik wurde ich Depressiver. Wurde immer trauriger. Schaffte einfach nichts mehr. Kam mir so total nutzlos und überflüssig vor. Welche Berechtigung habe ich denn überhaupt, von der Kasse eine so teure Behandlung zu erwarten?

Endlich bekam ich von einer Klinik einen „Bewerbungsbogen". Diese ganzen Formulare und Berichte muss man als an der Psychische erkrankter Mensch ausfüllen, damit die Klinikleitung der verschiedenen Kliniken entscheiden können, nach Aktenlage, ob man ein „dringender Fall" oder nicht ist. Ich war so kaputt, dass ich sogar in den Fragebogen hineinschrieb, „Wenn ich nicht schnellstens Hilfe bekommen würde, könne ich nicht mehr für meine Sicherheit garantieren und würde mich dann von dieser Welt entfernen". Nicht einmal dieses bekennen der suizidalen Gedanken wurden ernst genommen. Es kam keinerlei Antwort von dieser Klinik. Ich wurde über ein Jahr von dieser psychosomatischen Klinik ignoriert. Heute frage ich mich immer wieder nach welchen Kriterien man überhaupt als Patient geeignet ist.

Durch die lange Wartezeit und den Ärger mit den Ämtern, wer denn überhaupt zuständig wäre zu bezahlen, bekam ich wieder furchtbare somatoformen

Schmerzen. Konnte oft tagelang nicht mal aufstehen. Dann fing die eigene Vernachlässigung an. Warum denn Duschen gehen? Es kommt doch sowieso niemand um dich besuchen. Ein vollkommener den Kopf und Körper besitzergreifender Schmerz kam dann über mich, dieses vollkommene allein sein. Keiner schreibt, keiner ruft an, keiner kommt vorbei. Warum denn überhaupt noch essen? Das kostet unsägliche Kraft, die ich nicht mehr hatte. Die Rollläden hochziehen? Wie soll ich das denn nur schaffen? Wenn ich es doch mal tat, tat die Helligkeit nur in den Augen weh. Also schnell wieder herunter lassen die Läden. Alle paar Wochen schleppte ich doch noch zum Arzt, da ich ja einen Auszahlungsschein für die Krankenkasse brauchte. Dies waren die einzigen Male über Monate wo ich meine Wohnung verlassen habe. Dies konnte ich auch nur mit einer fast schwarzen Brille, da mir jegliches Licht furchtbare Schmerzen verursachte. Da ich nur noch das Nötigste getrunken und gegessen habe, musste ich auch immer weniger auf die Toilette. Dadurch wurde der Darm träge. Jetzt fing auch noch der Darm an mit schmerzen. Zum Schluss traute ich mich nicht mal mehr auf die Toilette denn es waren furchtbare Schmerzen. Der Stuhlgang und das Wasser lassen wurden zur täglichen Tortur. Somit unterließ ich diesen Gang mit der Zeit auch. Da sammelte sich das ganze Wasser in den Beinen, diese schmerzten und brannten wie Feuer. So hatte ich wieder eine Entschuldigung um im Bett liegen bleiben zu können. Jedes Mal wenn ich mich bewegte oder mich aufraffte zum Aufstehen, brach ich mit Schweiß überströmt wieder zusammen. Ich konnte nicht mehr. Die Kämpfe mit der Rentenkasse und der Krankenkasse sie zermürbten mich von Tag zu Tag mehr. Mittlerweile ging ich dann nur noch alle 2 Wochen zum Arzt. Da spielte ich dann perfekt, dass es alles irgendwie ginge. Womit ich dem Arzt immer wieder Sand in die Augen streuen konnte, ich schaffte es einfach nicht ihm mein Leid zu zeigen. Er konnte nicht an mich heran kommen. Ich ließ dies nicht zu. Ich konnte nicht ertragen, dass irgendwer sah wie schlecht es mir ging. Ich wartete einfach dass ich von selbst verschwinden würde. Die Schmerzen wurden immer schlimmer, somit bekam ich auch immer stärkere Schmerzmittel.

Dann fand ich im Internet ein Forum. Dies war für mich eine Bestärkung, dort fand ich Leute die sich auch selbst Zugrunde richteten. Dort wurden dann Methoden diskutiert wie man wohl am besten diese ach so schlechte Welt verlassen konnte. Erkundigte mich auch in diesem Forum, welche Medikamente ich brauche und wie viel davon um selbst gehen zu können. Ich wollte keinen Dreck, ich wollte niemanden mit hineinziehen. Als ich über das Internet dann alles besorgt hatte, fing ich an, mein für mich unnützes Leben, meine Wohnung und meine Papiere aufzuräumen.

Mein Leben sortieren und alles erledigen stand jetzt an erster Stelle. Ich fing an, alle Habedinge und alle meine

Papiere wegzuwerfen. Immer wieder immer mehr. An gute Freunde, die ich meinte zu haben, habe ich nach und nach meinen kompletten Hausstand verschenkt. Mein damals bester Freund schickte mir einen PKW und einen Teil meiner liebsten Menschen zu mir. Es war ein schönes und doch sehr traurig treffen. Die Lieben wussten ganz genau sie sehen mich wenn alles klappt zum letzten Mal. Da mussten noch letzte Fotos gemacht werden als Erinnerung. Ich hatte selbst für meine 3 Lieben,

extra gepackt. Sie bekamen von mir für sie ausgesuchte Kleinigkeiten. Als das Auto gepackt war, fuhren sie Stunden später wieder nach Hause. Zu dieser Zeit dachte ich das erst mal nach, konnte ich denn meine Freunde so allein lassen? Verstehen sie meine Gedanken auch wirklich? Doch diese Gedanken waren sehr schnell wieder weg geschoben, denn ich konnte nun nicht mehr zurück, sonst hätte ich ja mein Gesicht verloren. Einige Tage später kam noch ein lieber Kollege vorbei. Für ihn und seine Frau hatte ich auch einiges zusammen gerichtet. Nur eines musste ich ihm versprechen. Ich durfte es nicht vor seinem Geburtstag tun. Das war kein Problem das gab mir noch ein paar wenige Tage. Ich habe alles geregelt. Habe den letzten Brief geschrieben. Hatte nur noch das allernötigste hier was man zum Leben brauchte. Nun packte ich noch mein Handy, meinen Computer, meine Kamera und das was mir noch am wichtigsten war zusammen. Machte ein Paket daraus und schickte es, wie ich damals meinte, meinen allerbesten Freund zu dieser Zeit. Ich verabschiedete mich von den

Menschen die mir wichtig waren. Ich wollte nicht dass sie sich nachher Vorwürfe machen weil sie sich nicht Verabschieden konnten. Ich habe es geschafft so sehr in meinem eigenen Leid zu ersticken, dass ich es den Anderen sehr plausibel machen konnte. Zudem setze ich sie mit dominanter und anonymer Autorität unter Druck, „wenn du mich lieb hast, wenn dir etwas an mir liegt, dann lass mich gehen." Ich nahm ihnen damit jede Chance dadurch mir zu helfen. Denn ich schaffte es, ihnen einzureden, dass sie mir am besten helfen würden wenn sie mich gehen lassen würden. Sogar machte ich mit ihnen einen Termin und Uhrzeit aus. So dass ich nicht mal allein gehen musste, sondern sie dort noch, zwar hunderte von Kilometern weit weg, und doch bei mir hatte. An einem Abend Anfang Mai, nahm ich mir den Mut und die letzte Kraft. Ging in die Küche, mixte mir meinen Cocktail. Mit Verachtung trank ich dieses Gebräu. Legte mich hin und wartete. Eine letzte Zigarette musste noch sein. Die hatte ich mir für die letzten 5 Minuten aufgehoben. Ich triftete immer weiter in eine watteweiche Welt. Ich freute mich sehr darauf. Ich konnte und ich wollte einfach nicht mehr. Das Leben war einfach doch nur zu gemein. Ich war allein. Einsam! Ich mochte mich nicht, ich hatte jetzt doch wirklich einundvierzig Jahre gestohlenes Leben gelebt. Mehr schlecht als recht. Endlich wurde ich mich los, konnte die Welt von einem schlechten, unnützen nicht lebensfähigen Menschen befreien. Ist das nicht schön? Ich freute mich wie ein Schneekönig. Und so schlief ich ein, mit freudigen, fröhlichen und glücklichen

Gedanken. Doch welch ein Schock! Einige Stunden später wachte ich wieder auf, in einem Rausch, Delirium sicher, aber ich sah das Zimmer und meine Kleidung. Das konnte, das durfte doch nicht wahr sein. Bin ich denn sogar zu blöd, zu unfähig zum Sterben? Nicht einmal das schaffe ich aus eigener Kraft. So schleppte ich mich im Delirium in die Küche. Griff dort nach einem Messer. Ging wieder ins Bett, da mir einfach nur schwindelig war. Dort sah ich mich um. Nein so geht das nicht. Es kann doch nicht sein, dass ich hier eine Sauerei mache. Also wieder raus aus dem Bett, einen Eimer geholt. Dann wieder ins Bett gelegt, und mit einer Zähigkeit, die mich heute erstaunt, habe ich an meinem Arm herum geschnitten. Nur es blutet ja gar nicht. Es tat auch überhaupt nicht weh. Klar konnte es ja auch gar nicht, so voll gepumpt wie ich mit Medikamenten war. Ich bekam eine irrationale Angst vor mir selbst. So zog ich mir schnell eine Jeans und einen Pulli an. Nahm meine Jacke und ging aus dem Hause. Kein einziger Mensch in meiner Nachbarschaft bekam auch nur etwas mit. Plötzlich war ich halt weg. Meine alten Hausleute machten sich zwar Sorgen nach ein paar Tagen, weil sie mich nicht sahen oder hörten. Nur im Endeffekt hat mich niemand wirklich vermisst. So irrte ich irgendwie, ein paar Tage, durch die Gegend. Ich kam wieder mehr oder weniger zu mir im Krankenhaus, wo ich unter Tränen zusammengebrochen bin. Bis heute weiß ich noch nicht wie ich dorthin gekommen bin.

Dort wurde ich, als erstes, befragt was denn passiert ist. Ich konnte das nicht sagen. Ich wusste es zu der Zeit wirklich nicht. In diesem Krankenhaus wurde mir auch geholfen, eine Schwester der Seelsorge benachrichtigte meinen damals besten Freund, dass ich verletzt aber am Leben bin. So kam ich zur Erstversorgung. Mein Arm wurde genäht, der zuständige Arzt meinte damals, das die Wunde circa 3 Tage alt wäre und er da nicht mehr viel tun könne. Es bestünde die Möglichkeit, dass mein Gelenk in Zukunft mehr oder weniger eingeschränkt wäre, da ich die Beugesehne fast durchgeschnitten hätte. Zum Glück ist das nicht eingetreten wie es sich mit der Zeit herausstellte. Dann kam ich auf die Klinikeigene psychiatrische Station. Dort wurde festgestellt, ich bin ja im falschen Landkreis wäre. Deshalb wurde nun ein Krankenwagen gerufen und mir versucht klar zu machen, dass ich in eine Klink in meinem mir zuständigen Landkreis gebracht werden würde. Ich ließ mich ruhig in den Wagen setzten. Dort wurde ich dann fixiert, warum denn nur, ich konnte dies überhaupt nicht verstehen, ich tat doch niemand etwas. Bin doch dir Ruhe in Person gewesen. Dann ging die Fahrt los. Ich schaute hinaus zum Fenster und sah mir die Strecke an. Plötzlich sagte ich, wir fahren ja in die falsche Richtung. Der Sanitäter meinte nur, nein wir fahren nur eine andere Strecke. Wir kamen in einer Stadt an die ich überhaupt nicht kannte.

Die Psychiatrie

Der Krankenwagen hielt vor einer Klinik. Für mich sah dies von außen aus wie eine ganz normale Klinik auch die Beschilderung war diese ein regulären Klinik, dort stand Kreiskrankenhaus darauf. Doch was mich verstörte war, als wir dort drinnen ankamen schlossen sich alle Türen zu und ich sah, von innen gibt es ja gar keine Klinke. Da fragte ich auch das erste Mal nach wo wir den sind. Es stellte sich heraus dass der Krankenwagen mich in die Psychiatrie eingeliefert hatte. Ich stand hier, verstört, einsam, allein und verlassen, bei Nacht in einer geschlossenen Abteilung der Psychiatrie. Ich konnte es einfach nicht fassen, bekam es in meinem kranken Kopf nicht auf die Reihe. War ich denn so durchgedreht? Ich bin doch nicht doof, ich bin doch nur krank. Was soll ich denn hier? Ich bin doch nicht irre! Ich kannte bis dahin die Psychiatrie nur als eine Verwahranstalt. So überwältigten mich meine Gedanken. Man wies mir ein Zimmer zu. Half mir ins Bett und gab mir ein Beruhigungsmittel zum Schlafen. Es war störend, die Türe durfte nicht geschlossen werden. Auch lag in einem anderen Krankenzimmer eine alte Dame, die schrie die ganze Nacht hindurch. Keine der Schwestern schien das zu stören, sie ließen diese Dame einfach schreien. Wie soll man da zur Ruhe kommen? Mir machte dieses viele Neue und Ungewohnte dort sehr große Angst. Meine Gedanken drehten sich im Kreis. Komm ich hier wieder raus? Was soll ich hier? Bin ich nun für immer weg gesperrt? In mir bauten sich immer mehr Angst und Aggressionen auf.

Konnte damit überhaupt nicht umgehen. Dann wird man zuerst in Ruhe gelassen, man sollte in dieser Zeit zu sich kommen. Als dann Tage später der zuständige Psychologe sich mit mir unterhielt, kam ich mir wirklich als nicht verstanden und geistig minderbemittelt vor. Er schien der deutschen Sprache nicht mächtig zu sein, denn er fragte immer und immer wieder nach. Wollte fast jedes einzelne Wort extra erklärt haben. Er stellte mich hin als ein kleines Kind, welches sich hier unmöglich benimmt nur weil es seinen eigenen Willen nicht durchsetzten kann. Mir war innerlich eisig kalt. Der Mann wurde mir immer unsympathischer. Da verweigerte ich mich wieder, ich wollte nicht mit ihm reden. Wieder wurde mir nicht zugehört, wieder wurde ich nicht ernst genommen. Zu meinem Glück ging dieser Psychologe einige Tage später in Urlaub. Er entschied so über meinen Kopf hinweg, dass ich nach dem Wochenende entlassen werden sollte da ich nicht Krank, wo ich doch nur trotzig sei und ein unmögliches Verhalten hätte. Er meinte zu mir, wenn ich mich endlich zusammen reißen würde, müsste ich keinen Krankenhausplatz belegen, welcher ein wirklich kranker Mensch dringend gebrauchen würde. Damals fiel ich das erste, mir bewusste, Mal in eine längere Dissoziation. Somit war es dieser Klink nicht möglich mich zu entlassen.

So bekam ich die Chance auf eine andere, bessere Behandlung mit einer anderen Psychologin.

Die Psychologin die sich nun um mich kümmerte nahm sich Zeit, hörte mir zu, redete mit mir wie mit einem Erwachsen. Sie konnte mir einiges Begreiflich machen. Obwohl ich mich damals noch sträubte einer Therapie zuzustimmen. Nun sollte ich wieder einmal aus der Psychiatrie entlassen werden. Sofort wurde ich wieder sehr, sehr krank. Ich musste in das zuständige Kreiskrankenhaus verlegt werden da ich sehr starke Schmerzen in den Beinen hatte. Ich konnte von jetzt auf gleich nicht mehr laufen oder stehen. So bekam ich wieder eine Verlängerung da ich noch nicht stabil genug war allein in meine eigene Wohnung zu gehen. Wenn ich in dieser Klinik bleiben konnte ging es mir gut. Da war eine alte Dame da, die an Parkinson erkrankt war. Mit ihr haben wir über Stunden Domino gespielt. Die Abende verbrachte man vor dem Fernseher oder man spielte Karten. Ich hatte wieder jede Menge Leute um mich die mit mir spielten und sich unterhielten. Dann bekam ich noch verschieden Therapien wie das Malen oder Töpfern. Da ich sehr oft, aus Angst, in eine Hyperventilation fiel bekam ich zusätzlich noch Einzel-Therapie in Atemtechnik. Da stelle ich auch für mich fest, dass ich paradox Atme. Aus Angst vor Schmerzen hatte ich angefangen verkehrt herum zu atmen, da so die Atemzüge nicht in den Bauch gingen. In dem angegliederten kleinen Garten, sind wir dann auch über Stunden, bei schönem Wetter, unsere Achter gelaufen. Nach gut 9 Wochen wurde ich dort aus dieser psychiatrischen

Auffangstation entlassen, nicht weil ich stabil und wieder alleine Lebensfähig war sondern, die Krankenkasse weigerte sich, für mich weiterhin die Kosten zu übernehmen. Ich musste in meine kleine Wohnung. Musste in diese Räume zurück in denen ich versucht hatte, der doch so schlechten Welt zu entfliehen. Mit einem Kopf so voll dieser Gedanken und fürchterlichen Magenschmerzen fuhr ich mit dem Bus nach Hause. Den Bus musste ich alle paar Haltestellen verlassen, hatte dann immer wieder 30 Minuten Zeit bis der nächste Bus kam um mich zu beruhigen. Auf den letzten paar Metern von der Haltestelle bis zur Haustüre, musste ich mich mehrfach übergeben. Doch ich musste in diese Wohnung mir blieb ja nichts anderes übrig, ich hatte keine andere Bleibe. Wie sieht es dort aus? Was habe ich in meinem Delirium alles kaputt gemacht und zerstört? Kann ich den überhaupt in dieser Wohnung noch leben? Panik überrollte mich. Ich war alleine und sollte ohne Hilfestellung in diese Wohnung zurück.

Als ich die Haustüre öffnete muss ich rennen damit ich es noch in die Toilette schaffte. Ganz vorsichtig, auf allen vieren kroch ich von einem Zimmer ins andere. Es sah aus als wenn eine Bombe eingeschlagen hätte. Alles schimmelte und stank bestialisch. Ich blendete mich vollkommen aus, sah mir wie einer fremden Frau zu die durch diese verdreckte Wohnung ging. Nur so konnte ich mich aufraffen, fing an alles Schmutzige, Verbrannte und Verdorbene weg zuwerfen und da ich gerade so schön am wegwerfen war, hatte ich, die bis dahin angekommene Post, Briefe, Einschreiben, Pakete und Zeitungen ungeöffnet, unbesehen mit in den Müll gepackt. In dem damaligen Schlafzimmer musste ich die Wände und den Boden erst einmal abwaschen und wischen. Die Bettsachen wie Kissen und Zudecke musste ich komplett entsorgen da alles voll mit Blut und Erbrochenem war. Heute kann ich nur sagen, es war ein super großer Glücksfall, dass meine Bettwaren nicht brennbar waren. Denn alles war versengt und angebrannt. Über 9 Wochen war ich in der Psychiatrie und keiner hatte in der Wohnung aufgeräumt oder mal die Fenster geöffnet. Ich erbrach mich mehrfach in dieser Wohnung. Irgendwie gehörte sie mir nicht mehr, ich kannte sie nicht mehr. Es war ja nichts mehr da, woran mein Herz gehangen hatte. Keine Fotos, keine mir lieb gewordenen Bücher, keine Habedinge wie meine Swarovksisammlung und Hummelfiguren. Nichts mehr war da. Kein Geschirr von dem ich so gern gegessen hatte. Keine Töpfe und Pfannen, kein Besteck, nichts mehr war da. Nur das Allernötigste, welches ich in den Monaten zuvor nicht verschenkt hatte, war noch da. Jetzt hieß es langsam wieder das eigene Leben zu suchen und aufzubauen. Ich konnte noch Wochenlang nicht im Bett schlafen. So habe ich dieses Bett weggeworfen und mir ein neues Gebaut. So musste ich die Wohnung immer wieder umstellen. Musste mich komplett neu einrichten. Musste versuchen mich wieder heimisch in dieser Burg zu fühlen. Nur wie sollte ich das schaffen? Man hatte mir dort, in der Psychiatrie, die Stützen meines Lebens weggenommen. Die Mauern welche ich mir mühsam in all den Jahren zugelegt hatte, mit viel Tränen und Schmerz gebaut, zeigten Risse und Spalten auf. Ich kannte mich gar nicht mehr. Wusste nichts mehr mit mir selbst anzufangen. Ich hatte auch nichts mehr woran ich mich orientieren konnte nur die Worte und Gespräche von Mitpatienten, die mich zum über mich Nachdenken zwangen mit im Gepäck. Die meiste Zeit lag ich dann wieder in auf dem Sofa. Nicht der Zuspruch der Therapeuten in der Klink gab mir den letzten Kick. Nein es waren die Gespräche mit den Mitpatienten die mich durch tiefe Gespräche dazu brachten, dass ich mich auf einen längeren Aufenthalt in einer Psychosomatischen Klinik einlassen konnte. Die mir die Kraft gaben, ein klein wenig an mich zu glauben. So kam ich dann 3 Wochen später, zum Glück in diese Psychosomatische Klinik, meine Psyche nackt, wehrlos, verletzlich und zerbrochen.

Dort erst mal zur Diagnostik. Man machte dort dann verschiedene psychologische Untersuchungen. Durch diese Untersuchungen stellte sich heraus, dass ich eine Persönlichkeitsstörung vom Typ Borderline habe und zudem noch eine Posttraumatische Störung. Diese Diagnosen machte mir Angst. Sie blockierte mich vollständig. 24 Stunden am Tag und Nacht kreisten meine Gedanken darum. Ich hatte keine Ahnung was das für eine Krankheit sein sollte. Ich wollte weg, diese Diagnosen machten mir Angst, blockierten mich vollkommen. Diese Krankheiten wollte ich nicht, wollte nur noch nach Hause. Mich auf meinem Sofa verkriechen und wieder alles so werden lassen wie es war. Einfach funktionieren. Nichts fühlen, denken, meine Arbeit machen, und fertig. Ich wollte das Neue nicht. Der Chefarzt in dieser Klinik zeigte mir nun in einem stundenlangen Gespräch die Möglichkeiten auf wie ich diese Krankheit handhaben könne. Meine Stationsärztin zeigte mir die Möglichkeiten auf, wie ich trotz dieser Krankheit ein fröhliches und erfülltes Leben, leben könnte. Diese Ärztin gab mir Sicherheit, durch ihr Verhalten, durch ihre Statur. Sie konnte ich mit meinem groben Fehlverhalten und meinen verbalen Attacken nicht umwerfen. Ihr konnte ich glauben, seit vielen, vielen Jahren war sie die erste Frau, der ich wieder etwas glauben konnte. Dieser Frau konnte ich glauben, dass sie es gut mit mir meint, sie nur mein Bestes will mit meiner Mitarbeit und nur durch meine Entscheidung. So entschied ich mich für die Therapie.

Leider war zu dieser Zeit kein Platz in dieser speziellen Dialektisch Behaviorale Therapiegruppe frei, in die ich kommen und mitarbeiten sollte. So wurde ich auf Zeit entlassen. 4 Wochen später hieß es dann für mich wieder in diese psychosomatische Rehaklinik zu kommen. Ich freute mich darauf. Sah es nun als Chance auf ein neues Leben, die ich mit beiden Händen ergriff. So fuhr ich nach Hause, wusch die Wäsche, machte alles fertig, denn ich sollte ja für 12 Wochen wieder dorthin gehen. Wie herrlich. Ich fühlte mich so gut und frei. Dann setzte ich mich hin an den Computer und suchte alles zum lesen was ich über die

Persönlichkeitsstörung mit dem Typ Borderline finden konnte. Machte mich schlau, kaufte Bücher darüber, unterhielt mich im Chat mit anderen Betroffenen. Und stellte immer wieder fest, ich will so nicht sein. Ich konnte nicht glauben dass ich so extrem in meinem Verhalten sein sollte. Ich wollte so nicht sein. Ich konnte mich damit nicht identifizieren. Ich verleugnete alle diese Verhaltensmuster, das bin ich nicht, das will ich nicht, und wenn ich das nicht will, bin ich es auch nicht.

In der Zeitung las ich eine Anzeige über einen Film, im Kommunalen Kino, der als Inhalt hat das Leben einer an Borderline erkrankter junger Frau. Der Film hieß „Allein". Ich musste diesen Film unbedingt sehen. Wenn ich könnte, ich würde ihn mir sofort kaufen, rein zur eigenen Abschreckung. Leider gibt es den Film nicht zu kaufen. Denn dieser Film zeigte mir ganz genau Mich! Mich wie ich immer wieder meinen Bekannten und Freunden hinterher gerannt bin, als ich sie endlich erreicht hatte, habe ich sie immer wieder aufs übelste beleidigt und weggestoßen. Ich kam mir vor, wie wenn ich in einen Spiegel sehen würde. Das machte mir so sehr Angst. Ich wollte so nicht sein. Ich wusste auch nicht, daß ich auf andere Menschen so wirke. Dort in dem Film wurde mir das alles vor Augen geführt. Ich fieberte von Tag zu Tag weiter auf den Tag hin wo ich wieder in die Klink durfte. Ich wusste jetzt alles über die Persönlichkeitsstörung vom Typ Borderline und wie sie sich auswirkt. So wollte ich nie sein. Hatte alles gelesen und mir angesehen was es darüber irgendwie zu haben war. Mit jeder Dokumentation und Buch bekam ich noch mehr Angst vor mir selbst. Ich stand innerhalb kürzester Zeit wieder am Abgrund. Ich war kurz vor dem nächsten Suizid.

Der Termin zu meiner weiteren Behandlung rückte immer näher, da ich vom meinem Rententräger nichts weiteres mehr gehört hatte, rief ich dort an und bekam zur Antwort, von der zuständigen Sachbearbeiterin, dass mir keine weiter Behandlung mehr zustehen würde. Ich hätte ja erst 3 Wochen Urlaub auf Kosten des Rententrägers gehabt. Klar wie sollte es auch anders sein? Es war doch nur ich die um Hilfe bettelte. Voller Verzweiflung und Verstört rief ich nun in der Psychosomatischen Rehabilitationsklinik an und sagte dies meiner behandelnden Ärztin. Sie setzte sich sofort mit dem Rententräger in Verbindung und bekam dort den gleichen Bescheid wie ich. Nun ging der Kampf wieder los zwischen den Kostenträgern, wer denn für die weitere Behandlung nun Aufkommen hatte und wann es denn endlich weiterginge. Dies ganze Theater dauerte wieder fast 6 Monate in denen ich immer wieder sehr kurz vor dem Absturz stand. Den Abgrund hatte ich immer im Kopf, ich sah ihn bei Tag und Nacht, balancierte immer wieder am Rande des Erträglichen herum. Endlich, Endlich nahm sich meine Sachbearbeiterin der Krankenkasse ein Herz und setzte die Therapie für mich durch. So bekam ich die Kostenübernahme vom Rententräger genehmigt und sofort einen Termin in der Klinik. So bekam ich die Chance vom alten Weg abzugehen und einen neuen Weg zu beschreiten. So packte ich innerhalb von 3 Tagen für 12 Wochen, vor Aufregung konnte ich nicht mehr schlafen. Ich freute mich. Hatte keine Angst, denn ich kannte die Menschen, das Personal ja schon. Musste mich dort nicht mehr eingewöhnen. In der Zeit als ich Zuhause war zwischen den Rehaklinik-Aufenthalten habe ich für mich, zum besseren Verständnis das Thema Borderline aufgenommen. Ich machte mir Tagelang Gedanken darüber und für mich und die Ärzte in der Klinik habe ich dies alles aufgeschrieben.

Borderline ist für mich, ...

Wie ein tiefer Abgrund, vor dem ich stehe. Gezwungen zu sein, Menschen, die ich liebe, zu verletzen, um mich Selbst zu schützen. Eine unerträgliche Einsamkeit zu spüren, wenn niemand bei mir ist. Wie ein Chaos, das einfach alles erfüllt, nirgends beginnt und nirgends endet. Wie ein Buch zu sein, mit leeren und teilweise herausgerissenen Seiten. Wie ein leerer Raum, ohne Möbel, ohne Fenster, ohne Tür, einfach nur Leere. Wie ein langsamer innerer, qualvoller Tod, der den Geist tötet, aber der Körper lebt noch.

Was ergibt es für einen Sinn?

Wie Blitze jagt es durch den Körper. Gefühle wirren orientierungslos durch den Kopf. Sie stecken mir im Hals, wie ein Knopf. Mir kommt es vor als würde ich daran ersticken und sie mir die Kehle zudrücken. Wenige die es interessieren würde was mit mir geschieht. Wenige würden etwas vermissen. Niemand möchte jemanden wie mich küssen. Ich bin von allem was ich jemals geliebt habe verlassen. Doch eine Frage bleibt mir noch offen. Was habe ich bösartiges gemacht? Ich bin doch wie ich bin. Was ergibt es für einen Sinn. Warum?

Innere Leere

Die Langeweile schien im Kopf wie ein Ballon anzuschwellen; unter der Schädeldecke entstand ein Druck; manchmal hatte ich Angst, dass dieser Ballon zerplatzen und ich meinen Verstand verlieren würde. - G. Greene

Wenn die innere Leere kommt, dann ist das wie, wenn mein innerer Dämon über mich herfallen würde.

Meine Augen starren an die Wand, äußerlich, aber ich schaue nicht nach außen, ich schaue in mich hinein, und in mir sehe ich nichts, nicht ein Gefühl, nicht eine Erinnerung, kein Schmerz, keine Freude, Nichts. Mein

Körper fühlt sich an, als wäre ich ein leerer Raum, oder wie das Meer, endlos weit, und nirgends Land in Sicht. Ich möchte immer gerne wegsehen, meine innere Leere ignorieren, weil es depressiv macht, aber wo soll man hinsehen, wenn die Welt leer ist, womit soll man sich ablenken, wenn niemand da ist und man selber nichts tun möchte, weil die Leere einem jeglichen Wunsch raubt?

Die innere Leere tritt gehäuft auf, wenn ich alleine bin. Dann bin ich nicht mehr fähig, irgendetwas zu tun. Jede Bewegung, jeder Handgriff ist schon zu viel, nicht aus Faulheit, nein, nur weil die Beschäftigung keine Erfüllung bringt, keine Beseitigung der Leere.

Ich hatte ja schon als Kind gelernt, dass SVV = Selbst-Verletzendes-Verhalten hilft, wieder Leben zu spüren, sich nicht mehr wie tot zu erleben. Es ist nicht die beste Lösung, aber die einzige mir mögliche, denn ich möchte nicht, dass meine Seele täglich von neuem stirbt, und mein Gehirn aussetzt, wenn ich Erinnerungen und Emotionen am meisten gebrauchen kann.

Nur wenn ich die Menschen am meisten brauche, sind sie nicht da. Ich möchte sie nicht kritisieren, oder gar verantwortlich machen, sie tragen keine Schuld. Ich würde sie auch nicht benachrichtigen können, auch wenn sie stets abrufbereit wären, denn wenn die innere Leere mich erst mal ergriffen hat, lässt sie mich nicht mehr los. Und ich sitze hier, mit dem Gesicht zur

Wand, äußerlich starrend auf ein nicht vorhandenes Bildnis meiner zerstörten Seele. Ich suche nach einer inneren Regung, nach etwas, was mir sagt, ich lebe noch, aber da ist nichts. Und es kommt auch nichts, stundenlang nicht, eine halbe Ewigkeit. Und dann lächelt mich das Messer an, es sagt: „Ich bringe dir dein Leben zurück. Ich schenke dir Emotionen, Gefühle und Energie." Ich kann nicht widerstehen. Denn ich möchte auch nur glücklich sein, sorgenlos leben, wie alle anderen Menschen auch. Oft muss ich auch weinen, weil die innere Leere mich zerfrisst, mich in den Wahnsinn treibt, als würde sie mir den Verstand völlig rauben und mich töten. Jeder Fluchtversuch ist zwecklos. Ich könnte mich ja bewegen, einen Schritt vors Haus setzen, aber schon der Gedanke an eine Handlung sagt mir: "Nein, ich möchte nicht." Also lege ich mich ins Bett und warte dass es Abend wird, und Nacht, dass irgendwann wieder der Alltag da ist, bis die Tage kommen, an denen ich nicht so unsagbar einsam bin. Denn in Anwesenheit anderer fällt es schwer, in die innere Leere zu fallen. Mag wohl daran liegen, dass man beschäftigt ist mit so vielen Dingen, oder damit, dass meine Persönlichkeit ja nicht wirklich ohne Bezugsperson existiert. Das würde zumindest einiges erklären."

Wut/Zorn

Der Durchbruch übermäßiger Wut, häufiger Gereizt-heit und Zorn gehört dazu. Diese sind unvorher-sehbar, erschreckend. Sie stehen in keinem Verhältnis zu der Frustration die sie auslösen. Es wird durch ein oft triviales (für andere völlig unverständliches) Vergehen?!? Ausgelöst. Darunter liegt ein Arsenal von Angst-, Bedrohungs-, Enttäuschungs- und Verlassen-heitsgefühl. Der Zorn, der so intensiv ist und so dicht unter der Oberfläche brodelt, kann jederzeit wegen jeder Nichtigkeit ausbrechen, unverständlich, oft für andere nicht nach-vollziehbar. Oft stoße ich die, die ich am meisten brauche zurück, aus Angst zu hören, "jetzt nicht", "grad keine Zeit", "stell dich nicht so an, es wird schon wieder".

Kennst du das?!

...wenn du stundenlang zu Hause sitzt und sich deine Gedanken immer im Kreis drehen?

...wenn du dich fragst, wofür du eigentlich lebst, was das alles für einen Sinn hat?

...wenn du dich fragst, warum du ausgerechnet so bist, wie du bist?

...wenn du denkst, keiner versteht dich?

...wenn du denkst, du könntest mit keinem reden, weil sich keiner für dich interessiert?

...wenn du nächtelang wach bist, weil du nicht schlafen kannst, obwohl du unendlich müde bist?

...wenn du denkst, dass du für niemanden wichtig bist?

...wenn sich deine Stimmung ohne einen Grund von einer Sekunde auf die andere völlig ändert?

...wenn du immer, wenn dir etwas Gutes passiert, dich nicht wirklich freuen kannst, weil du weißt, dass es wieder zerstört werden wird?

...wenn du mit deinem Leben nicht mehr klarkommst, eigentlich nie klargekommen bist und es sicher auch nie wirst?

...wenn du dich fragst, warum ausgerechnet bei dir immer alles schief läuft?

...wenn du denkst, dass du immer alles nur falsch machst, egal was du tust?

...wenn du denkst, dass du alle Leute, die dich kennen, immer nur enttäuschst?

...wenn du Angst davor hast aus dem Haus zu gehen?

...wenn du denkst alle Leute starren dich an und reden über dich?

...wenn du denkst, dass du ganz alleine bist auf dieser Welt und es verstehen könntest, wenn dich keiner mag, weil du es selbst nicht tust?

...wenn dir dein Leben, das was du getan/geschafft hast, das was du hast und das, was du bist dir nichts wert ist?

...wenn du sicher bist, dass dich keiner vermissen würde, es um dich nicht schade wäre, weil du sowieso überflüssig und unwichtig bist?

...wenn du es immer wieder versuchst und trotzdem immer wieder aufgeben musst?

...wenn du dir zu oft Gedanken über den Tod und das, was danach kommen könnte, machst?

...wenn du nicht weißt, wofür du noch weitermachen sollst?

...wenn du denkst, dass du den Schmerz nicht eine Sekunde länger ertragen kannst?

...wenn du dich mehr als alles andere nach Ruhe und Frieden sehnst?

...wenn du dir jeden Abend vor dem Schlafengehen wünschst, nicht mehr aufzuwachen?

Kennst du das?!

Wenn nicht, sei glücklich und genieße dein Leben! Du hast keine Vorstellung davon, wie schön dein Leben ist, ohne Angst, ohne Verzweiflung, ohne Einsamkeit und ohne diese innere Leere und Dunkelheit, die dich auffrisst.

Mein Weg in ein neues Leben

Mein neuer Weg ins Leben hat schon mal verkehrt angefangen. Ich hätte fast verschlafen. Dann schnell, schnell zum Bahnhof. Ab in Richtung der Klinik. Dort auf dem Bahnhof musste ich dann über 2 Stunden auf den hauseigenen Abholdienst warten. Was für mich sehr anstrengend ist, da sich dann eine Aggression aufbaut vor lauter Ungeduld. Dann wurde ich angesprochen, von hinten links. Da hätte ich schon fast hingeschlagen, so erschrocken war ich. Ein fremder Mann meinte er würde mich abholen. Dies konnte gar nicht sein, denn ich kannte ja den Fahrer vom letzten Mal. Also fing ich mit dem Fahrer erst mal einen Streit um Grundsätze an. Ich kenne ihn nicht, ich würde nicht mit ihm fahren, es könne ja jeder daherkommen und sich als Fahrer der Klinik ausgeben. Erst nachdem in der Klinik angerufen hatte und mich die Dame in der Zentrale der Klinik beruhigte konnte ich mit diesem Fahrer mitfahren. Nach gut einer halben Stunde ließ ich mich dann überzeugen dass er doch der richtige Fahrer ist. In der Klink angekommen ging es gleich so fröhlich weiter. Ich, sowieso schon auf 180 sagte an der Rezeption sie bräuchten die Schwester nicht rufen. Ich wisse wo ich hin müsste, da ich mich ja auskennen würde. Da kam der Hammer. Nein, sie kommen nicht auf diese Station, sie kommen auf eine andere. Da wollte ich nur noch weg. Ich wollte Streit, auf Teufel komm raus wollte ich mich mit irgendwem streiten.

Die Schwester die mich dann abholte und mich auf mein Zimmer brachte, ließ sich nur nicht darauf ein. Es war noch eine weitere Patientin dabei, daher mussten wir zuerst auf diese Station wo diese untergebracht werden sollte. Dann musste ich nochmals warten, bis die Schwester nochmals telefoniert hatte. Nun kam uns auf dem langen Flur eine Frau entgegen, diese stellte sich als meine Stationsschwester vor. Ich pfiff sie gleich an, dass mir dies so was von egal wäre. Ich würde sowieso nicht bleiben, da ich hier ja nur verschaukelt werde. Ich wollte diese Schwester reizen, wollte Streiten, und ich wurde einfach in aller Ruhe aufgeklärt wie der Ablauf auf dieser Station wäre. Sie ließ sich auf gar keinen Streit mit mir ein. Sie gab mir sogar mehr oder weniger Recht, oder sie überhörte einfach meine Verbalen Fehlgriffe. Nun bekam ich mein Zimmer, klitzeklein, und da soll ich 12 Wochen wohnen? Wie soll ich denn das machen? Dann kam die übliche Prozedur der

Aufnahme. In der ersten Woche ging herzlich wenig. Ich war immer noch trotzig und zornig, bin immer in der Klinik herumgestrichen, habe die mir bekannten Gesichter gesucht. Regte mich auf, dass es Pflicht war in den Speisesaal zu gehen. Die Teilnahme am gemeinsamen Essen wurde als Therapie gewertet. Mir waren die vielen Leute in dem großen Raum alle zuwider. Mit viel Schmeichelei und ein paar Tränen habe ich dann einen Platz zugewiesen bekommen der in einer Ecke des Speisesaales war. So konnte ich immer sehen wer zur Türe hereinkam und hatte einen kurzen Fluchtweg, wenn mir alles zu viel wurde.

Auf die Bitte von mir, bekam ich eine Einzeltherapie in Qi-Gong. Das Qi-Gong gab mir eine sehr große Sicherheit. Ich konnte dabei lernen mich in mir fallen zu lassen. Dieses Qi-Gong praktiziere ich weiterhin. Ich bin auch soweit gekommen, dass ich diese Übungen nur im Kopf nachvollziehen kann um ruhiger zu werden. Ich konnte zu dieser Zeit in keine sportliche Gruppentherapie, da ich mir immer beobachtet vorkam. Dies blockierte mich dermaßen, dass ich regelmäßig in die Hyperventilation verfiel. In der zweiten Woche stellte ich zu meinem großen Erschrecken fest, dass ich eine Gymnastik-Therapie bei einem jungen Mann hätte. Dies konnte ich einfach nicht machen. Im Sommer als ich das erste Mal hier in der Klinik gewesen bin, hatte mich dieser junge Mann vor einer Gruppe zurechtgewiesen und mich dadurch lächerlich gemacht in meinen Augen. So sagte ich dies zu meiner zuständigen Ärztin, diese gab es mir gleich als Aufgabe, diesen Konflikt in mir mit dem jungen Mann persönlich zu klären. Wie es sich herausstellte, hatte er dies gar nicht mitbekommen. Es war einfach seine Art. Als ich ihm dann, auf gut Deutsch, gesagt hatte, was ich von ihm halte, hatten wir eine wunderbare Zusammenarbeit. Wenn mal keine Therapie war, verkroch ich mich in der ersten Woche sofort wieder im Bett. Ich konnte mich einfach nicht an die vielen anderen anschließen. Sie machten mir Angst. Sie kamen mir alle zu Nahe.

Meine Gefühle durfte ich in der Ergo-Therapie handwerklich auszutoben. Durfte dort den Ton schlagen bis es mir besser ging. Dort konnte ich mir eine Verbindung machen. Es war ein Stück Ton. Ich knete dieses Stück und irgendwann war es total verdreht. Es passte sich richtig gut in meine Hände an. Als die Stunde vorbei war, hatte ich wirklich ein einziges Stück geschafft. Ich beschäftigte mich schon die ganze Woche mit meinen Körper-Grenzen. Ich konnte mich ja teilweise nicht mal selbst zu berühren. So hatte ich nun eine Verbindung zu mir selbst gemacht. Dann bekam ich einmal eine Vorlage gesagt, ich solle 2 verschieden große Kugeln machen, dieser Zwang machte mich derart nervös, dass ich die Tonkugeln liegen ließ und ganz in mich versunken meine Hände schaffen lies. Heraus kam eine kleine süße Schildkröte. Als diese fertig war, war ich auch wieder ruhiger. Meine Stationsärztin meinte einmal zu mir, ich solle doch weniger Kaffee trinken, 4 Tassen am Tag wären doch wirklich genug. Da es aber in der Klinik nur kleine Tassen gab, war ich so frei und habe mir einen Kaffee-Topf im Ergo-Ton machte. Als dieser fertig war, hatte ich alle Lacher auf meiner Seite. Ich trank dann auch nicht mehr als 4 Tassen, nur es war aus meiner eigenen Tasse. Auch kreierte ich mir dort eine kleine Grübel-Dose. Diese hilft mir immer noch sehr, und ist in dauerndem Gebrauch. Einmal erzählte ich meinem Therapeuten dass ich in meinem früheren Leben keinen eigenen Platz auf dem Sofa hatte. So beschlossen wir, ich bastel' mir mein eigenes Sofa. Jetzt hatte ich mein eigenes, und dort durfte nur der sich hinsetzen, den ich dazu eingeladen habe. In der letzen Woche machte ich mir noch eine eigene Sonne. Nur dafür dass mir die Sonne ihr warmes Licht schenken kann, wenn es draußen wieder schmuddeliges Wetter ist. Für meine Tischnachbarin im Speisesaal habe ich als Geschenk auch eine Tasse oder besser gesagt einen Becher gemacht. Meiner Mitpatientin in der DBT-Gruppe machte ich auch eine Verbindung. Sie hatte auch das gleiche Problem mit den Körpergrenzen. Einer anderen Patientin half ich als sie eine Schildkröten Familie machen wollte. Da ich auch immer wieder auf der Suche nach meiner Brille war, wollte ich zu dieser mal lieb sein. Sonst schimpfe ich immer und wetterte weil ich sie nie dann fand wenn ich sie brauchte. So habe ich ihr aus Ton eine eigene Nase gebastelt. Diese steht nun hier immer auf dem Tisch, ich konnte mich daran gewöhnen meine Brille von meiner Nase gleich auf die Nase aus Ton zu setzten wenn ich sie nicht mehr brauchte. So hatte ich wieder etwas geschafft, was mich sonst ohne ersichtlichen Grund in eine Aggression treiben würde. Diese kleinen Gegenstände sind Fähigkeiten, die ich im täglichen Leben brauche.

Irgendwann kam ich dann ins Freizeitzentrum. Dort ist eine kleine, sehr liebe Frau, die einen in der Freizeit beschäftigte. Zu dieser Frau hatte ich sofort Vertrauen. Warum? Keine Ahnung, es war einfach da. Einige Tage schlich ich dort immer wieder herum. Traute mich aber nicht wirklich hinein. Bis diese liebe Frau mich zu sich hinein rief. Sie nahm mich mit in ihr Büro und fragte gerade heraus warum ich denn nicht ins Freizeit-Zentrum kommen würde, sondern immer nur von außen hinein schaue. Da gab ich das erste Mal vor einem Fremden zu, dass ich über kein Geld verfüge und es mir nicht leisten könne, diese wunderbaren Bastelarbeiten zu machen. Wir kamen dann in einem Konsens zusammen, der mich nicht als Bittsteller oder Bettler darstellte, und ihr damit auch geholfen war. Dort durfte ich dann mich mit Porzellan malen abgeben, ich freute mich sehr darüber. Ich wollte anderes, außergewöhnliche Sachen machen. Strengte meinen Kopf an. Entwarf am Abend und in der Nacht Vorlagen. Andere Patienten kamen und fragten mich nach meinem Rat. Ups, was ist das denn? Dies machte mich regelmäßig Verlegen. Ich kannte dies ja nicht. Als mir nichts mehr Konstruktives an Ideen einfiel als Motive für Tassen, Teller, Schüsseln und Platte, fing ich an auf diese Teile das mit der Farbe zu schreiben, was man dort hineintut oder darauf legte. Innerhalb weniger Tage langweilte mich dies auf Porzellan malen. Es forderte mich nicht mehr. Ich konnte es. Wusste wie welche Farbe wann reagierte. Doch dauerte es noch eine ganze Zeit bis ich den Mut fand die Therapeutin zu fragen ob ich auch ein wenig in Seide malen darf. Sie sagte prompt ja. Ein Ja zu mir! Auf eine von mir vorgetragene Bitte. Boah! Wo ich mich doch so sehr anstrengen musste diese Bitte auszusprechen. Ich hatte niemals mit einem Ja gerechnet. Es war seit sehr, sehr vielen Jahren das erste Mal, dass man mir eine Bitte gewährte nur weil ich sie äußerte. Ich glaube, damals fing ich an ein klein wenig wieder an die Menschen und an mich zu glauben. Ich durfte in Farben baden. Durfte mich aus mir zurückziehen und zusehen wie die Farben ineinander liefen.

Aus Pink, Orange und dunkel Lila habe ich mir ein Tuch kreiert, ist dies nicht ein wunderbares Farbenspiel? Als ich dieses Tuch fertig hatte, wurde es sofort mein absolutes Lieblingstuch. Diese glänzenden Farben, dieses Leuchten. An diesem Tuch kann ich mich einfach nicht satt sehen. So ein Tuch zu kreieren ist so ein wunderschönes und beruhigendes Gefühl. Ich konnte einfach nicht genug davon bekommen. Wann immer es irgend möglich war ich unten in Freizeit-Zentrum und am malen. Doch konnte ich auch sehr schnell aus der Haut fahren, wenn ich beim malen mit Farben auf Seide gestört, oder ausversehen angestoßen wurde. Im Nachhinein war mir das immer arg, dass ich immer noch so extrem reagierte. Es war einfach nur gigantisch das Gefühl. Immer wieder und immer öfter kamen dann auch andere Patienten um mich um meine Meinung zu fragen. Sie ließen sich wirklich von mir in Farben beraten. Wollten doch wirklich von mir wissen wie welche Farbe mit welcher Farbe harmoniert oder reagiert. Ich fühlte mich angenommen. Ich konnte etwas. Wenn der Assistent der Freizeit-Therapeutin einmal nicht da war, übernahm ich gerne seine Arbeit und half neu angekommenen Patienten sich im Freizeit-Zentrum zurechtzufinden.

Ich suchte nach weiteren Herausforderungen. Also fasste ich mir ein Herz und fragte einen anderen der Ergo-Therapeuten ob ich nicht noch in eine andere Gruppe der Therapie mit hinein kommen könnte. Er sagte er müsse dies mit den anderen Therapeuten besprechen, da er dies nicht allein entscheiden dürfte, nicht dass ich mich überfordern würde. Für mich war das natürlich wie eine Absage. Ich begrub meine Hoffnung und war gleich auch wieder wütend auf mich, dass ich überhaupt gefragt hatte. Daher war ich sehr erfreut erstaunt, als ich Tage später ein OK von diesem Therapeuten bekam. Nun war ich wieder richtig gefordert. Ich durfte auch noch Specksteine feilen und formen. Als erstes war ich einfach nur Neugierig, ich bekam einen großen Stein und wollte nur wissen wie der innen drin aussieht. So fing ich damit an ein Loch in diesen Stein zu machen. Das war Schwerstarbeit. Dann fing ich an mit Schleifen und Feilen. Ich war jedes Mal aufs neuste erstaunt was da für eine Maserung und Form herauskam. Es war nur schön diesen Stein unter den Händen zu haben.

Es dauerte einfach seine Zeit, bis ich mir selbst erlauben konnte, dass ich auch einmal mich hinsetzen und nichts tun darf. Dieses Gefühl warf mich beinahe um. Da brauchte ich wieder Gesprächs-Hilfe vom Personal, damit diese mich darin bestärken und mir darin auch recht geben. So wie ich jederzeit wann immer es mir wichtig war jemanden zum Reden hatte. Jemand der mir zuhörte, mir mit Rat und Tat zur Seite stand. Dort durfte ich meine Fotos zeigen die ich in der Umgebung gemacht hatte. Sah die Augen der Schwestern ein leuchten, sah die Begeisterung über meine, die von mir gemachten Fotos. Ich konnte dies gar nicht annehmen. Brauchte eine ganze Zeit dies zu begreifen.

Ansonsten war ich sehr viel draußen. Hatte ja meine Kamera dabei und wenn mir alle zu viel wurde, zog ich mich an, meldete mich ab und stiefelte allein mit der Kamera los. Da gab es immer wieder heikle Situationen, um solche Fotos machen zu können, muss man in den Bach hinein stehen. Als ich da so wunderbar in richtiger Position stand, die Schärfe einstellte, rutsche ich plötzlich auf den, mit Moos bewachsener Steine aus. Bei circa minus 18 Grad saß ich mitten in Eis und Wasser. Nur dieses Foto war mir die nasse Hose und den kalten Hintern wert. Stunden später kam ich dann wieder in die Klinik zurück. War sehr froh darüber dass ich mein Notebook dabei hatte und es in meinen Zimmer lassen durfte. So konnte ich in den Abend-stunden immer wieder an meinen Fotos arbeiten, sie sortieren, benennen und mit einer guten

Software verschieden Foto-Shows erstellen. Wenn ich nicht allein unterwegs war mussten die anderen warten wenn ich die Kamera dabei hatte. Das wurde dann nervig. Keiner sagte etwas, und doch zog ich mich wieder zurück. Fotos machen ist ein Einzelsport. Da ist es nervig wenn mehrere dabei sind. Denn die sehen das nicht und wundern sich immer wieder, was sieht sie denn jetzt? Leider musste ich feststellen bei meinen Mitpatienten, dass die wenigsten heute noch eine toll blühende Blume oder die wunderschönen Formen von der gefrorenen Oberfläche des Baches sehen können. Die fertigen Fotos aber wurden gern und oft von ihnen angesehen. Als ich dann auch genug zusammen hatte, wurde ich immer wieder gefragt ob ich denn nicht bereit wäre eine Fotoshow für alle zu machen. Ich habe fast 6 Wochen gebraucht bis ich mich dazu in der Lage fühlte. Dann ging es aber flott, bevor ich wieder absagen konnte. Ich besorgte mir von einem Freund einen Beamer. Als der dann bei mir in der Klink ankam, habe ich sofort einen Termin gemacht. Es gab eineinhalb Stunden lang ein Ahhhhhh und Ohhhhhhhhh. Mich machte das nur verlegen. Ich konnte nicht sehen dass die Fotos so schön sein sollten. Für mich war das alles normal, nichts Besonderes. Und wie immer suchte ich nur das negative auch in den Fotos. Ich zeigte dann immer wieder auf, guck doch, da und da und dort, hätte ich es so oder so gemacht dann wäre es schön geworden. Ich konnte einfach kein Lob annehmen. In dieser Klinik war noch ein Patient mit dem ich mich sehr gut verstand. Dieser stand mir immer wieder zur Seite.

Begleitete mich auch wenn ich solche Fotovorführungen machte. Wir sahen uns täglich im Freizeit-Zentrum und breiten uns miteinander über Formen und Farben von Werkstücken. Das größte war für mich, als die Freizeit-Therapeutin sich am Abend Zeit nahm um meine Fotos anzuschauen. Von ihr allein konnte ich das Lob annehmen, bei ihr wusste ich sie meint es ehrlich. Die Meinung von den Mitpatienten konnte ich nicht wirklich annehmen. Der junge Mann mit dem ich immer in der Freizeit beim malen war, fuhr mit mir einmal in die nächste Stadt. Dort vergrößerten wir eine ganze Anzahl von meinen Fotos. Diese habe ich dann an die Menschen vom Personal verschenkt, die mir gut taten und mir am Herzen lagen.

Wurde immer mehr zum Kind, musste einfach alles Zeigen was ich gebastelt und gemacht hatte. Mit jedem Objekt und immer wieder Foto ging ich zu den verschiedensten Schwestern und habe sie stolz wie Oskar gezeigt. Immer wieder bettelte ich um Lob. Da schaffte ich es doch wirklich, hinzu stehen und zu sagen, „Haben Sie ein wenig Zeit für mich? Ich will gelobt werden". Ich war so aufgeregt, dass ich mir immer wieder Medikamente holen musste, damit ich mich entspannen konnte. Ich lernte dort auch wie ich meine eigene Spannung regulieren kann. Einmal die Woche bekam ich in der Bäderabteilung ein 15 Minuten dauerndes Entspannungsbad. Die Physiologische Abteilung speziell meine Masseurin war sehr entspannend. Sie gab mir Tipps wie ich mit meinen

Körpergrenzen zu Recht kommen könne. Sie zeigte mir die körperlichen Meridiane, wie ich dort mich ausstreichen könnte, um somit körperliche Erleichterung finden kann, ohne dass ich mich selbst Verletzen musste. Wie ich es überhaupt merke in welcher Spannung ich überhaupt bin. Dies hat sich nun automatisiert. Es geht nun von ganz allein, dass ich merke „Stopp" du musst langsam tun, es wird sonst zu viel. Dies machte mich vor mir selbst stolz, wie ich dies schon in kurzer Zeit habe erlernen können. Oft tanzte ich in der freien Natur, wenn ich alleine war, vor Freude über mich selbst. Jeden Morgen gegen 6 Uhr war ich im Schwimmbad, zog dort eine halbe Stunde lang meine Bahnen. Machte dort für mich mein Aqua-Jogging und Gymnastik im Wasser. Dies machte mich Fit für den laufenden kommenden Tag. Da schmeckte dann das Frühstück noch mal so gut. Da ich auch mein eigenes Körpergewicht ein wenig Reduzieren wollte, fing ich morgens immer mit Körnern, Joghurt und Quark an. Dazu gab es immer wieder den ganzen Tag über frisches Obst. Am Abend nach dem Abendbrot ging es dann noch ein wenig auf das Laufband. Wobei ich trotz allen Anstrengungen kein Gramm abgenommen habe. So bekam ich die richtige Bettschwere. Seit Jahren konnte ich wieder 6 bis 8 Stunden in der Nacht schlafen. So ausgeglichen wie in diesen 12 Wochen war ich schon Jahre nicht mehr. Ich fing wieder an, an mich zu glauben. Glaubte auch den verschiedenen Therapeuten, die sagten mir ja immer wieder Lach doch mal. Auch meine Mitpatienten sagten dieses, Lach doch mal wieder, du bist dann immer so hübsch. Da dachte doch wirklich, ich dürfte mich wieder Freuen ohne dass etwas Schlimmes passiert. In dieser Klinik war es möglich, dass die Patienten Vorführungen machen durften. Ein Mitpatient machte einen lustigen Abend. Ich freute mich sehr darüber, dass dieser Patient mich persönlich einlud. Er fragte mich ob ich denn mit meinem Foto zur Vorstellung kommen und für ihn Erinnerungsfotos machen würde. Ich hätte mich ohne „Aufgabe" nicht getraut dorthin zu gehen. Denn es war doch Freude. Es würden ja die Anderen sehen dass ich mich freue. Wer weiß, wer mir dann wieder etwas tut, wenn ich dort dabei und am lachen bin. Nur durch die persönliche Einladung und der Aufgabe dabei konnte ich hin gehen. Denn damit hatte ich ja eine Entschuldigung vor mir selbst, wenn ich dort in Gelächter ausbrechen würde. Ich konnte ja nicht weg, der Patient brauchte mich doch. Er fragte doch ganz lieb bei mir an. Da kann ich doch nicht Nein sagen. Und er lieferte mir den Grund dafür, dass ich hingehen konnte ohne mich selbst dafür strafen zu müssen. Durfte mich einfach nur freuen, nur Fotos sollte ich nebenher noch machen. Auch die Freizeit-Therapeutin fragte mich immer wieder, wenn eine Veranstaltung war, ob ich Fotos für ihr Archiv machen könne. Dies gab mir auch die Möglichkeit, kostenlos in diese Vorführungen und Veranstaltungen zu kommen.

Am anderen Tag, war ich krank. Ich war nicht in der Lage aufzustehen. Musste mir Medikamente holen, damit ich mit weinen aufhören konnte. Ich weiß es nicht warum, das Unterbewusstsein wehrte sich gegen dieses Gelächter vom Vorabend, das kleine Kind in mir weigerte sich zu sehen, dass es sich mit der Großen freuen darf. Das kleine Kind in mir, sagte Vorsicht! Wenn du dich so freust, bekommst du wieder Schmerzen. Und Prompt stellten sich diese ein. Ich als Große hatte ein Schuldgefühl der Kleinen gegenüber. Dachte doch wirklich ich hätte die Kleine in mir im Stich gelassen. Immer wieder wenn ich versuchte mich zu Freuen, hatte ich die Angst im Nacken gleich dann zu sterben. Oft traute ich mich nach einem lustigen Abend nicht ins Bett, denn wenn ich zum schlafen ging, könnte es ja sein dass ich morgens nicht mehr aufstehen kann. Die Art wie mein Vater gestorben war, saß tief eingraviert in meinem Kopf.

Das führte zu einem inneren Kampf mit dem Kleinen, verletzten Kind in mir und der erwachsenen Großen die ich ja nun bin. Die Kleine in mir wollte sich frei strampeln. Wollte mir klarmachen dass sie nicht mehr beschützt werden muss. Dass es so in Ordnung ist wie es ist und ich mich nun nicht mehr so sehr um sie kümmern brauchte. Sollte lieber zusehen, dass ich das Leben der erwachsenen Großen in Griff bekomme. Nur die Große die war so leicht wie eine Feder und so Verletzlich. Sie hatte Angst sich zu verlieren. Dass der Wind diese kleine Feder einfach wegweht. Lebte ich doch vollkommen in der Vergangenheit. Immer stand das kleine Kind in mir im

Vordergrund. Musste doch sehen, dass dies nicht weiterhin verletzt wird. Mein Therapeut hatte immer schwerste Arbeit an mir zu verrichten, um mir klarzumachen, dass das kleine Kind in mir keinen Schutz mehr brauche. Dieses kleine Kind in mir selbst hat gelernt sich zu schützen und ich meine Kraft für anderes dringender brauchen würde. Ich hatte bei meinen Erkundungsgängen in der Klinik einen kleinen Abstellraum gefunden. Ganz oben unter dem Dach. Zeigte ihn meinem Therapeuten damit einer weiß wo ich mich verkrieche wenn mir alles zu viel wird und ich nicht raus in die Natur kann. Auch habe ich in mir einen Platz geschaffen, wohin dieses kleine Kind sich zurückziehen kann, um sich zu schützen. Sollte es einmal so aussehen, dass ich verbal verletzt werde, kann ich nun auf eine Realitätsüberprüfung zurückgreifen. Diese Fragen für mich habe ich mir selbst mit meinem Therapeuten zusammen erarbeitet. Mit diesen Fragen meiner Realitätsüberprüfung kann ich selbst entscheiden ob ich verletzt werde oder nicht. Ich muss mich und meine Gefühle nicht mehr trennen. Wir können nun in guter Einigkeit miteinander leben. Nicht mit einander verschmolzen, halt in einer guten Zusammenarbeit. Zudem habe ich festgestellt, die meisten Menschen schlagen nur verbal um sich, wenn sie selbst unsicher in sich sind. Wenn sie keine Argumente mehr haben. Wenn man ihnen, mit was auch immer, zu Nahe kommt. Sie wissen es nicht anders und können ihre Grenzen nicht selbst wahren. Nicht mal die eigenen Grenzen in sich selbst. Oft haben gerade diese selbst so großen Persönlichkeits-

Defizite, womit sie gar nicht anders reagieren können als mit Verletzungen und wenn es ganz schlimm ist mit dem Abbruch des Gespräches. Manche gehen sogar soweit, dass sie dann üble Gerüchte in Umlauf setzten, nur weil sie nicht mit der Meinung andere Konform gehen können oder zugelassen hatten dass man ihre eigenen Grenzen überschritt. Auch ich muss heute nicht mehr meine eigene Meinung durch drücken auf Teufel komm raus. Heute kann ich eine andere Meinung schätzen, meist kommt sie mir sogar entgegen, oder wenn sie mir nicht so zusagt, nicht konform mit meiner geht, kann ich sie einfach stehen lassen. Unkommentiert. Akzeptiert. Muss nicht mehr so oft bewerten. Ich muss mein Gesprächsgegenüber nicht mehr verbal angreifen. Kann heute, in diesem Falle, einfach das Gespräch in eine andere Richtung lenken. Bei dieser Therapie habe ich gelernt, es gibt andere Meinungen als nur meine, und diese nichts damit zu tun haben, mich vorsätzlich verletzten zu wollen.

Am Anfang der DBT-Therapie habe ich geglaubt ich müsse mich wie ich war, mit meinem anderen Ich dem Gefühl verschmelzen. So wie wenn man von 2 Kerzen das Restwachs zusammen verschmilzt. Dem ist nicht so. Es sollte ein miteinander dieser Beiden zusammen geben und kein verschmelzen. Denn durch ein verschmelzen kann ich mich wieder nicht mehr schützen vor Verletzungen oder mit dem Verstand reagieren, dann ist alles eine Masse die nicht kontrolliert werden kann. Ich habe ein für mich neues

Wort kennen gelernt. Dieses kleine und doch so gewichtige Wort „Warum". Auch lernte ich die Fragen „Welchen Sinn hat das alles?", „Willst du das auch?" und „Kannst du mit dem neuen Leben umgehen?" Diese Sätze begleiten mich immer wieder und immer weiter. Habe geistigen und seelischen Zugang zu mir selbst gefunden. Daran bin ich zusammengebrochen. Diese Person die ich da darstellte diese war mir äußerst zuwider. Ich wollte das ändern und habe mich erstmal noch vorsichtig in die Therapie eingelassen. Zuerst noch mit sehr, sehr vielen Bedenken. Ich fühlte mich wohl dort in dieser Klinik. Ich bekam dort Zuwendung die ich mein Leben lang gesucht hatte. Man hörte mir zu, forderte mich auf zu denken. Selbstständig zu denken. Dies war so was Neues, erschreckte mich und machte doch sehr neugierig. Ich wollte wissen wie ich eigentlich bin. Ich kannte mich nicht mehr. Kannte ich mich denn überhaupt jemals? Wer war und wer bin ich?

Zuerst am Beginn der Therapie habe ich einen Behandlungsplan und einen Behandlungs-Vertrag bekommen. An diesen beiden Schriftstücken halte ich mich immer noch 6 Monate nach dem Klinik- aufenthalt. Dort lernte ich meinen Tag wieder zu strukturieren. Jeden Tag gab es aufzuschreiben wie es mir wirklich geht, da musste ich sehr ehrlich zu mir selbst sein. Da bringt es nicht zu schummeln oder sich anzulügen. Da wird aufgeschrieben, wie oft und in welcher Stärke hatte ich suizidale Gedanken. Auch wann und wie viel Medikamente habe ich gebraucht.

Habe ich mich selbst Verletzt. Als dies wurde dort notiert. Und dann noch, welche negativen Gedanken und Erlebnisse gab es an dem Tag. Über was hast du dich gefreut. Was hast du für Fähigkeiten angewandt um von den schlechten Gedanken und Gefühlen wegzukommen. Wie weit hat dies funktioniert. Was hast du körperlich gemacht an dem Tag, Schwimmen, Walken, klettern, Tischtennis, Kegeln oder Badminton, und wie lange, wie viel Stunden hast du auf körperliche Fitness angewendet. Denn Aufgrund dieser eigenen Einschätzung wird die Behandlung und Medikation aufgebaut. Dort schrieb ich jeden Tag auf was mich so belastete. Einmal die Woche wurde diese Liste dann mit der Schwester der Station oder dem Therapeuten besprochen. Mit das schöne an dieser Klinik war, dass ich immer jemanden vom Personal hatte, der mir zuhörte, meine kleinen und großen Sorgen mit mir besprach. Mir aufzeigte wie unnötig es ist, sich um Vergangenes zu Sorgen, da man sowieso nichts mehr daran ändern kann. Man kann nur daraus lernen indem man die vergangenen Situationen ansah, nicht wieder so extrem zu reagieren. Für vieles habe ich mir dann eine Eselsbrücke gebaut. Auch lernte ich im Jetzt & Heute zu leben. Nicht zu sehr die Gedanken in die Zukunft schicken. Warum soll ich mir um nächstes Jahr Gedanken machen? Lass mich doch erst mal dieses laufende Jahr leben. Habe festgestellt welche Unterschiede es so gibt, was wichtig, unwichtig, und nicht relevant ist. Konnte dann auch das Wichtige erledigen. Früher war alles immer sehr Wichtig, und das war einfach zu viel, da hab ich dann alles liegen gelassen, denn ich werde ja sowieso nie fertig damit. Dann fange ich doch besser erst gar nicht an damit. Heute kann ich irrelevantes und nicht so wichtiges liegen lassen bis ich Zeit habe, und mich auf das Wichtige konzentrieren. So tue ich mich bedeuten Leichter und fühle mich weniger blockiert. Sollte es etwas geben, was sehr wichtig ist, es mich trotzdem blockiert, habe ich jederzeit die Möglichkeit mir eine Vertrauensperson dazu zunehmen was mir zeigt, dass ich nicht alleine dastehe und so wird Unmögliches möglich gemacht. Ich kann mich dem Wichtigen zuwenden, muss nicht mehr den Kopf in den Sand stecken um nichts zu sehen.

Auch lernte ich eine andere Art der Aufmerksamkeit. Ich lernte das Hören, das Fühlen, das Riechen, das Zählen, das Atmen. Es ist heute für mich sehr entspannend. Wenn ich im Zug sitze und dieser sehr voll ist, bevor ich dann in Panik verfalle, kann ich mich jetzt ganz aufs Atmen und Zählen konzentrieren. Zudem habe ich das Glück die Fahrer der Züge hier zu kennen. Da kann ich für mich entscheiden wem ich Vertraue und mit wem ich fahren kann. Wenn mir der Fahrer des Zuges der Abfahrt hat nicht so zusagt oder mir ein mulmiges Gefühl im Bauch bereitet, muss ich nicht mitfahren. Ich kann ein Stück laufen, sicher daher gehe ich immer viel zu früh aus dem Haus. Nur Zeit habe ich momentan genug. So trainiere ich dies jeden Tag, damit ich wenn es wieder ans Arbeiten geht, ich jederzeit und mit jedem Kollegen mitfahren kann. Ich stelle mich meiner Angst, ich darf Angst haben, es ist nicht schlimm Angst zu haben. Wenn man es zulässt und registriert, dass man Angst hat, ist diese plötzlich nur noch halb so schlimm. Ich darf Angst haben, dieses Wissen Angst zu haben ist irgendwie wie eine Schutzhülle um den Inneren Kern. Muss nicht mehr ausrasten wenn ich mal an der Kasse beim Einkaufen warten muss. Ich muss nicht mehr den kompletten Einkauf im Wagen stehen lassen und fluchtartig das Geschäft verlassen. Ich kann nun stehen bleiben. Kann die anderen Käufer beobachten. Und wenn dies nicht funktioniert, dann fange ich an zu zählen. Ich zähle dann die Süßigkeiten in den Regalen an der Kasse. Erst die verschiedenen Sorten und dann wie viel von jeder Sorte. Dann sortiere ich sie im Kopf noch nach Farben und nach Geschmack. Wenn ich ein Bueno oder ein Roche sehe, stell ich mir vor wie sich diese Leckerei auf meiner Zunge anfühlt. Wie es riecht. Wie ich es auspacke. Lass ich es schmelzen auf der Zunge? Zerdrücke ich es gleich mit der Zunge? Bin ich gierig? Zerbeiße ich es gleich? Schlinge es hinunter? Wenn die Anspannung zu hoch wird trotz allem, kann es gut sein, dass ich mir an der Kasse so einen Riegel hole, diesen sofort auspacke und zu mir nehme. Dann mache ich das sehr bewusst, schließe die Augen damit mich nichts vor den Augen vom schmecken ablenken kann. Und so geht die Zeit schnell und ruhig vorbei die ich am warten bin. Dies alles konnte ich in der Aufmerksamkeits-Gruppe lernen. Es sind so tolle Hilfestellungen, und keiner bekommt deine Angst und Panik mit. Du musst dann auch nicht mehr patzig oder böse an der Kasse sein.

Es geht alles dann leicht und locker, entspannter, ohne Zorn und Wutausbrüche. Auch muss ich dann daheim nicht mehr wütend auf mich sein, da ich mal wieder ausgerastet bin im Einkaufscenter. Was bringt es mir den, wenn ich voller Zorn den vollen Einkaufswagen stehen lasse und flüchte? Ich bin hochgradig aggressiv, ich bin wütend weil ich so aggressiv bin, ich habe Hunger und nichts mehr daheim, weil ich den Einkaufswagen ja im Geschäft stehen lies. Sprich ich muss mir das alles noch einmal antun. Will ich das? Ich weiß genau ich schaukle mich dann wieder auf, somit wenn ich mich beim ersten Mal zusammenreise, die Situation lerne auszuhalten muss ich es nicht zweimal tun. Ich kann die übrige Zeit mit für mich Schönem ausfüllen.

Warum und wie schreibt man eine Verhaltensanalyse. Nein niemals zur Strafe. Es ist nur zum eigenen besseren Verständnis. Dort lernte ich mich mit über vierzig Jahren erstmals kennen, auch dass es die Möglichkeit einer Realitätsüberprüfung gab. Denn ich bezog ja immer alles auf mich. Zog mir jeden Schuh an, ob er passte oder nicht. Ich bin Schuld, ich war Schuld, immer ich, ich, ich. Was hab ich getan, warum sagt Derjenige jetzt nein? Ich muss doch böse gewesen sein. Mein Therapeut in der Klinik half mir sehr dabei. Plötzlich hatte ich viele virtuelle Paar Schuhe. Ich konnte bei einem Ausspruch sofort nachsehen mit den Schuhen ob es mir galt oder nicht. Passt mir der Schuh oder doch eher nicht. Ich konnte die virtuellen Schuhe mir anziehen, allein für mich, ein paar Schritte im

Kopf damit zu gehen. Habe ich den linken Schuh jetzt rechts an? Zwickt er? Ist er zu eng? Zu weit? Dabei festzustellen ob ich mit den Schuhen laufen kann. Sollten diese nicht passen, drücken, zwicken, reiben, schlappen einfach nicht mit mir konform gehen wollen oder können, darf ich selbst hin stehen und mich sachlich eines anderen Gedankens äußern. Muss ungerechtes nicht mehr hinnehmen. Brauche mich nicht mehr für andere entschuldigen, sollen die doch das selbst tun. Ich darf es sagen, muss nicht mehr schlucken mit einem riesigen Kloß im Hals. Nur sachlich sollte ich dabei bleiben, niemals emotional, sprich ungerecht und mit Wut oder Zorn reagieren. Eine ruhige sachliche Antwort darauf reicht. So gewinnt man wieder an Achtung bei seinen Mitmenschen.

War ich mir meiner nicht mehr sicher, und die Gedanken dann anfingen sich zu drehen ohne Anfang und Ende, bekam ich als Tipp, von meinem Therapeuten. Nimm doch eine Dose, Tüte, Schachtel irgendetwas was du zu machen kannst. Schreib die Grübel-Gedanken auf einen Zettel und leg ihn dort rein. Lass ihn in Ruhe, und er lässt dich in Ruhe. Du kannst dich wieder auf anderes Konzentrieren. Wenn du dann irgendwann bereit für die Gedanken bist, hol dir den Zettel raus, oft wirst du dann lachen müssen was dich doch damals so alles aus der Ruhe gebracht hast. Ich komme damit sehr gut zurecht. Zurzeit habe ich da ein

Postfach in meinem Email-Programm gemacht. Habe mir eine eigene Emailadresse dafür besorgt. Wenn ich dann meine Gedanken die mich so quälen aufschreibe und dorthin schicke, geht es automatisch auch mit an meinen derzeitigen Therapeuten. Wenn ich dann einmal die Woche Therapie habe, können wir ganz zu anfangs nachfragen ob diese Gedanken schon gedacht werden können.

Ich lernte mich selbst zu achten. In der Ergo-Therapie durfte ich wie oben beschrieben mit Ton und Specksteinen arbeiten. Dort durfte ich mir im Kopf Urlaub von mir selbst nehmen. Konnte kneten, und formen. Ließ den Kopf oben in meinem Zimmer, konnte mich in mein Gefühl fallen lassen. Meine Hände formten, drückten den Ton so wie es mir gerade ging. Nur durfte kein persönlicher innerer Druck aufkommen. Keine Vorgabe, lasst mich allein meins machen. Was machen sie heute? Welches Thema haben sie heute für sich? Keine Ahnung, ich weiß es erst nach der Ergostunde. Ich warte ab, ich werde sehen was meine Hände tun. Mein Kopf hat Urlaub. Es wurde dort in der ganzen Klink so auf jeden einzelnen eingegangen. Auch die Kommunikation unter dem Personal stimmte. Es war ein wunderbares arbeiten dort. Ja richtig arbeiten, denn ich lernte ja durch die Ergo-Therapie an mir zu arbeiten. Dadurch lernte ich mich von Tag zu Tag besser kennen und mögen. Ich konnte mich wieder selbst anfassen ohne Erbrechen zu müssen.

Auch lernte ich dort nach was ich sehen sollte. Eigen Achtung, mein Ziel und die Beziehung. Was ist mir wie wichtig. In welchem Prozentsatz steht was zu was. Es war eine schwerst Arbeit an meinem Selbst. Es ist so etwas von Lohnenswert. Ich habe mir dort alles was ich haben konnte angeschaut. Mir heraus gezogen was ich für mich brauchte. Lernte dort so hinzusehen, damit ich weiß was ich brauche und was ich nur will. Lernte dort, dass ein „Bitte" möglich sein kann und darf. Ich muss nicht alles allein machen müssen. Ich darf fragen, mehr als ein nein kann nicht kommen. Dann nehme ich sofort meine Realitätsüberprüfung heraus und sehe nach ob das nein mit mir zu tun hat oder nicht. Seither habe ich viel mehr Platz in meinem Kopf. Denn ich muss nicht alles können müssen, es gibt genug andere die das können was mir schwer fällt. Ich kann fragen, um Hilfe bitten. Jederzeit, bei Tag und Nacht ist immer jemand da, jemand der zuhört. Richtig zuhört, nicht das jaja alles klar. Dort lernte ich das Wort „Warum" kennen. Ich lernte auch Bitte und Danke sagen. Ich musste nicht immer ja sagen, ich durfte auch nein sagen. Alles dies und viel, viel mehr konnte ich dort lernen.

Bei einer Gruppensitzung bekamen wir eine neue Patientin. Ich war zu dieser Zeit schon 9 Wochen dabei und fühlte mich eigentlich sehr gut und gefestigt. Leider musste ich in dieser Sitzung feststellen dass diesem nicht so war. Es gibt halt immer wieder Situationen die einen wieder ein Stück zurückwerfen. Dann muss man sich diesem wieder stellen. Darf es nicht als Versagen oder Rückfall ansehen, sondern als eine Chance sich diesem wieder zu stellen. Dies ist ein Vorfall, niemals ein Rückfall. Dies musste ich unter schweren Schmerzen körperlich und psychisch lernen. Unser Gruppen-Therapeut verlangte etwas in dieser Sitzung von mir was ich nicht wollte. Dabei meinte er ich hätte dies bisher doch auch getan. Ich konnte mich nicht daran erinnern was mich total verängstigte. Es ging darum dass sich jeder vorstellt und kurz erzählt warum er hier in der Gruppe ist, und welches Ziel man sich gesteckt hätte. Ich weigerte mich dies zu sagen, denn ich hatte einen Vertrag unterschrieben. Wenn ich nun erzähle was ich sollte würde ich wider den Vertrag handeln. Dies setzte mich dermaßen unter Druck, dass ich mich erbrechen musste. Mein Therapeut sah dies anders. Ich weigerte mich weiterhin. Irgendwann ließen wir es dann so stehen. Ich ging wieder zurück in die Gruppe. Wir machten dann weiter wo es unterbrochen war. Da fiel von der Decke eine kleine Mucke. Diese fiel auf den Rücken, langsam um sie nicht zu erschrecken streckte ich meine Hand nach ihr aus. Wollte ihr helfen auf die Beine zu kommen, sie zu drehen, da schlug urplötzlich ein Mitpatient mit der flachen Hand diese Mucke tot. Da brach ich zusammen. Diese Urgewalt, diese Gewalttätigkeit einer kleinen hilflosen Kreatur. So rannte ich aus dem Raum, sofort zum Schwestern-zimmer, ich brauchte sofort und auf der Stelle ein Medikament. Ich hatte eine irrationale Angst. Zitternd kam ich an diesem Zimmer an, klopfte, Moment bitte, kam von innen. Ich kann mich heute nicht mehr

144

erinnern, ich fiel in eine Dissoziation. Schlug mit dem Kopf und dem Bein permanent immer wieder im Rhythmus des Pulses gegen die Wand. Dies war eine der negativen Dissoziationen. Ich durfte auch erleben wie sich eine positive Dissoziation anfühlt.

An einem Wochenende 2 Wochen bevor ich wieder nach Hause entlassen wurde, luden mich ein paar Patienten ein mit einen Ausflug in einen anderen Ort zu machen. Wir sahen uns dort die Sehenswürdigkeiten an und hatten sehr viel Spaß in fast 2 Meter hohem Schnee. Nachdem wir uns dort im freien ausgetobt hatten, gingen wir in ein Cafe. Es war leer. Wir waren die einzigen Gäste, es war schön, wir unterhielten uns und hatten Unsinn im Sinn. Machten Spaß und freuten uns an dem schönen sonnigen Tag. Da ging die Türe den Cafés auf und es strömten viele Jugendliche herein. Ich bekam schlagartig keine Luft mehr zum Atmen. Fing an zu zittern ohne Kontrolle. Ich hatte mich einfach nicht mehr im Griff. So triftete ich ab in eine mir angenehme Welt. Vor mir stand ein großer Milchkaffee und ein Stück Schwarzwälder Kirschtorte. Ganz in mir versunken fing ich nun an mir innerlich gut zu tun. Mit dem Löffel zerteilte ich die Torte und legte sie in meinen Milchkaffee. Als die Torte dann vollständig in dem Kaffee war, rührte ich um, so bekam ich den leckersten Brei seit Jahren. Ich selbst bekam davon nichts mit, meine Tischnachbarin vom Speisesaal die mit war, erzählte es mir am anderen Tag. Ich wiederum erzählte es meinem Therapeuten und schrieb darüber eine Verhaltensanalyse. Wir freuten uns darüber, dass ich in dieser hochgradigen Stresssituation nicht zu Schmerzen griff, sondern etwas tat was mir gut tut, was mir Freude machte und Wärme gab. Ich fühlte mich mit meinem Brei einfach wohl und gut. Doch ich war und bin immer noch eine ganz junge und sehr verletzliche Pflanze, sie schiebt sich zwischen all den Steinen des Lebens hindurch frei immer der wärmenden Sonne entgegen.

Die Zeit, diese 12 Wochen Behandlung, sie sind bei dieser Erkrankung viel zu wenig. Ich konnte in diesen, für mich zu wenigen Wochen, endlich Kind sein. Ich durfte um Anerkennung betteln. Lernte dort wieder das Weinen. Auch dass Weinen keine Schande ist. Lernte wieder mich zu mögen, ich musste mich nicht mehr verletzen nur weil irgendetwas nicht so funktionierte wie ich es wollte. Ich musste mich nicht mehr selbst, für was auch immer, bestrafen. Ich durfte wieder Freude haben. Darf mich freuen wenn es mir danach ist. Darf mich loben lassen. Darf mich auch selbst loben. Darf diese Lob ohne es vor mir selbst abzuwerten annehmen. Ich darf ... ich muss nicht ... ich kann was ich will. Ich muss nicht alles bewerten. Ich habe Akzeptanz gelernt. Heute kann ich einiges stehen lassen. Ich muss nicht mehr schreien, lügen, oder mich streiten. Ich muss nicht mehr in meiner Fantasie leben. Bekam in der Klinik die Hand gereicht, man begleitete mich mit liebevoller achtsamer Aufmerksamkeit in die reale Welt. Man lernte mir dass ich auch mal Fehler machen darf ohne dass die Welt dabei gleich einstürzt. Ich durfte lernen meine Gefühle nicht verstecken zu müssen, ich durfte sie leben. Ich möchte diese Zeit nie mehr vermissen. Habe mir erlaubt in den 12 Wochen dass zu lernen was andere im Kindesalter in 12 Jahren Kindheit und Jungend lernt. Nach diesen 12 Wochen ging ich weinend heim. Ich wollte länger bleiben. Durfte es nicht. Es war auch trotz meiner Bitten länger bleiben zu dürfen, an der Zeit nach Hause zu fahren. Denn je länger man bleibt, desto schwerer wir es wieder gehen zu müssen, und es gibt doch so viele Menschen die dieser Hilfe bedürfen. Ich bin froh dass ich sie, wenn auch nach langem kämpfen bekommen hatte. Nur ist es dann noch schwerer wieder in die reale Welt zu stolpern und dabei allein zu sein. Man gab mir in dieser Klinik „Elefantenlauflernschuhe" für das Leben mit. Jederzeit habe ich die Möglichkeit wenn es mir mal nicht so toll geht, dass ich anrufen kann. Ich werde nicht abgewiesen. Das ist ein sehr schönes Gefühl. Ich bin wieder ein fühlender Mensch!

Während meines Klinikaufenthaltes bekam ich Post. Dieser Brief machte mir furchtbar Angst. Ich ließ ihn erst mal ein paar Tage liegen und konnte ihn einfach nicht öffnen aus Angst vor schlechten Nachrichten. Als ich ihn endlich öffnen konnte, ging etwas sehr schönes und ungewöhnliches mit mir vor. Ich bekam in diesem Brief mitgeteilt, dass die Frau die mich geboren hatte verstorben ist. Zuerst viel ich Aufgrund dieser Nachricht in eine Dissoziation. Ich wollte mir auf die Nachricht etwas Gutes tun. Ging duschen, machte mir einen pflege Nachmittag. Stunden später kam ich zu mir, und stand in meinem eigenen Blut unter der Dusche. Während dem Beine rasieren fiel ich in eine Dissoziation und habe somit nicht mehr aufgehört mit rasieren. Habe mir die ganze Haut von den Beinen geschabt. Dies war sehr schmerzhaft in den nächsten Tagen. Es war eine so tolle Nachricht für mich. So begriff ich, dass ich auch bei positivem, psychischem Stress in eine Dissoziation fallen konnte. Als ich es dann innerhalb von Tagen begriff was geschehen ist, habe ich mich gefreut wie ein Schneekönig. Plötzlich hatte ich trotz der ungewöhnlichen Freude auch schwere Bedenken. Darf ich mich über den Tod eines anderen Menschens freuen? Ist diese Freude gerechtfertigt? Darf ich mich darüber Freuen? Müsste ich denn nicht traurig sein? Bin ich nun irr geworden? War das alles zu viel?

Es waren Fragen über Fragen mit denen ich allein nicht fertig wurde. Eine Frau ist verstorben und ich sitze da und freue mich so sehr darüber. Ein paar Tage später wachte ich morgens auf und hatte plötzlich meine Identität. Ich war jemand, ich war ich. War nicht mehr von dem Satz dieser Frau abhängig. Ihr Tod hat mich davon befreit. Ich denke es gab nie jemand der glücklicher über einen Todesfall war wie ich zu dieser Zeit. Dieser Tod gab mir mein Leben. Jetzt erst kann ich mein Leben, leben. Aus dem Geröll und Müll meines bisherigen Lebens, spross eine kleine zarte Pflanze. Ein neues Leben hat für mich begonnen. Ich bin Ich. Ich bin gut so und bin es wert gemocht und geliebt zu werden. Ich darf mich selbst auch lieb haben. Muss mich nicht mehr hassen dafür, dass ich am Leben war obwohl diese Frau das Gegenteil behauptete. Jetzt hatte ich eine Daseinsberechtigung. Nun endlich durfte ich Leben ohne mich schuldig zu fühlen, dass ich trotz des Ausspruches dieser Frau hartnäckig weitergelebt hatte. Ganz langsam dringt die wärmende Sonne und das Licht des Lebens in mich ein. Gibt mir Kraft und Mut mein Leben zu meistern. Der Tod dieser Frau gab mir mein Leben erst jetzt richtig. Nicht die Geburt vor über 40 Jahren, nein, erst durch ihren Tod bekam ich mein Leben geschenkt. Bis heute sind vieler der Fragen von damals nicht beantwortet, nur dass dies nicht mehr relevant für mich ist. Ich kann diese Fragen einfach stehen lassen. Ich lebe! Ich muss nicht mehr nur Existieren, ich darf endlich leben, darf mir wünschen glücklich zu werden. Und über das neue Leben darf ich mich freuen. Dies habe ich endlich begriffen. Heute kann ich sagen, diese Frau tut mir einfach nur leid, sie kam mit ihrem Leben nicht zurande. Sie hatte gemeint der Alkohol würde ihr beim leben helfen und hat ihr Umfeld da voll mit hinein gezogen. Alle ihre Kinder, ihre Verwandtschaft, einfach jeden der mit ihr zu tun hatte. Nach über 40 Jahren konnte ich mich auch psychisch von dieser Frau befreien. Halt, nein, durch ihren Tod hat sie mich freigegeben. Durch ihren Tod gab sie mir mein Leben. Sie hatte mich über 40 Jahre meines Lebens betrogen, nun ist sie. Dies ist der einzige Dank den ich für diese Frau habe.

Als ich dann daheim war, ging mein erster Weg zu meinem Hausarzt. Dort war es mir sehr, sehr wichtig dass ich mich bei ihm entschuldigen kann. Ich musste dies für mich tun. Wollte meinem Arzt erklären, dass ich ihn nicht verletzten wollte, sondern dass ich einfach nicht anders konnte. Heute bin ich froh dies gemacht zu haben. In der Klinik wurde für mich schon eine häusliche Betreuung organisiert. Ohne diese Betreuung wäre ich ganz böse abgestürzt. Denn plötzlich war ich allein. Keiner war mehr da, um mir zuzuhören, mit mir zu reden. Diese Frau die ich da bekam, sie begleitete mich zu allen Terminen die mir Probleme bereitete, sie unterstützte mich schon allein durch ihre Anwesenheit. Wir suchten erst mal zusammen einen Psychiater. Denn der Psychiater bei dem ich bisher war, der gab mir ein falsches Medikament. Dieser wolle mich auf Schizophrenie behandeln und nahm mir meine Antidepressiva weg. Innerhalb kürzester Zeit, stand ich wieder am Abgrund. War wieder hochgradig Suizid gefährdet. Zum Glück kannte meine Betreuerin eine andere Psychiaterin. Mit dieser Ärztin bin ich sehr zufrieden. Sie hat mir zugehört und mich sofort wieder richtig medikamentös eingestellt. Die ersten paar Besuche bei ihr begleitete mich meine Betreuerin. Dann wollte ich mich beweisen und dachte einen Termin bei ihr allein anzugehen. Sie ist ja Ärztin und kann mir helfen sollte ich in Not geraden. So wurde ich mit der unterstützenden Hilfe der Betreuerin immer selbständiger.

Sie unterhielt sich mit über meine Gedanken, über das was ich durch die Bücher gelernt hatte. Sie half mir dabei meine Gedanken und Gefühle zu ordnen.

Ich ging sogar noch weiter. Habe meinen Namen geändert. Denn ich kann sein was ich sein will. Ich habe jedes Recht dazu. Ich habe mich nun vollständig für ein neues besseres und liebevolleres „Ich" entschieden. Ich lasse mich vollkommen auf mich ein, werde nichts mehr unter den Teppich kehren oder verstecken, mich nicht mehr selbst beschummeln. Mein altes krankes „Ich" mit all seinen Fehlern und Macken, welches soviel Schmerz und Leid ertragen musste habe ich in eine wunderschöne Kiste gepackt. Dann ging ich auf den Friedhof, habe mein krankes „Ich" welches nicht mehr gesunden wollte mit ganz viel Liebe freigegeben und feierlich beerdigt. Jetzt erst hatte ich die Möglichkeit mit meinem "neuen" Leben wirklich und wahrhaftig neu anzufangen. Erst einige Monate nach dem zwölfwöchigen Klinikaufenthalt habe ich mich vollkommen ehrlich zu mir selbst zu dem neuen Leben bekannt. Daher musste ich Symbolisch das alte liebevoll und doch mit Trauer hergeben. Heute bin ich immer noch in Trauer, ich darf diese auch zeigen. Noch gehe ich in Schwarz. Noch bin ich traurig darüber wie viel Leid und Schmerz zu ertragen gewesen war, bis Hilfe kam, bis ich Hilfe annehmen konnte. Heute kann ich wieder lachen, lieben und fröhlich sein. Zwar zaghaft noch und das ungewohnte Neue vorsichtig betrachtend. Bin immer noch auf der Hut, damit ich nicht wieder in das alte freigegebene Verhaltensmuster zurückfalle. Heute kann ich meine Gefühle sagen, zeigen, auch indem ich male und meine Fotos mache. Heute bin ich in mir zufrieden.

Mein Hausarzt half mir sehr bei der Suche nach mir. Als ich mal wieder zweifelnd mich selbst fragte ob ich das überhaupt will. Mein Herz blutig und geschunden auf die Intensivstation brachte, bekam ich ein symbolisches Herz von ihm geschenkt. Es war ein in Glas, per Laser, eingraviertes Herz, man sah dort alle Adern und Klappen. Alles war sehr real und wirklichkeitstreu dargestellt. Einige Wochen brauchte ich dieses Herz aus Glas. Es begleitete mich überall hin. So konnte ich die zarte Pflanze namens Gefühl schützen. Durch solche Symbole und Dinge kann ich mich sehr gut schützen. Heute kann ich auch ohne Gewissenbisse mit meinem Hausarzt ehrlich reden. Ich kann ihm sagen wenn es mir einmal nicht so gut geht. Habe ein Recht darauf, dass ich seine Zeit in Anspruch nehme, muss mich vor ihm nicht mehr verstellen. Seither habe ich immer ein gutes Gefühl wenn ich einen Termin bei ihm habe. Auch nimmt er sich extra Zeit für mich und meine Nöte. Wir haben beide sehr viel voneinander gelernt. Leider habe ich ihn mit meinem Suizidversuch in einen schweren Konflikt mit sich gebracht. Es tut mir einfach nur leid. Seither hat er einfach mehr Zeit für seine Patienten und hört auch die kleinen Zwischentöne. Ich denke mal es war eine schwere und doch gute Zeit für uns beide die wir erfolgreich miteinander durch gestanden haben. Heute steht er mir in allen Lagen zur Seite und gibt mir Rat wenn ich ihn darum bitte. Drängt ihn mir nicht auf, sondern wartet bis ich ihn darum bitte. Bei ihm fällt es mir nicht mehr schwer Bitte zu sagen. Denn ich weiß, wenn ich ihn bitte, bekomme ich seine ehrliche Meinung dazu. Jetzt muss ich ihn nicht mehr sooft besuchen, denn es geht mir besser und ich brauche die Flucht in die Krankheit nicht mehr. Ich kann mich artikulieren und selbst herausfinden was mich in diesem Moment beschäftigt oder quält. Diesen großen Schritt zu meinem Sein hat er mir mit ermöglicht.

Es wird noch ein langer, langer Weg werden, und doch ich bin soweit dass ich die Krankheit in den Händen halte. Ich halte sie, nicht sie mich. Ich konnte mit Hilfe aller Therapeuten und Ärzten dies schaffen. Bin mir sehr wohl im Klaren, dass dies noch eine sehr empfindliche und zarte Pflanze ist. Alles ist neu und wund noch.

Zu Besuch im Krankenhaus bei meinem kleinen, wunden, blutendem und zerschlagenem Herzen

Gestern war ich im Krankhaus, habe mein Herz besucht, es liegt noch auf Intensiv, braucht sehr viel Pflege und Aufmerksamkeit. Ich saß bei ihm am Bett. Habe es gestreichelt und gekost. Habe mit ihm geredet. Liegt noch da, noch arg mitgenommen. Trotzdem sehe ich bei jedem täglichen Besuch, wie es kräftiger und stärker wird. Als ich wieder nach Hause ging, drehte ich mich in der Türe nochmals um. Lächelte es liebevoll an, und da kam ein kleines noch arg müdes und zaghaftes Lächeln zu mir zurück. Ich weiß es, mein Herz, wir beide, wir haben noch einen langen Weg bis zur völligen Gesundung. Doch wissen wir mit Sicherheit, zusammen sind wir stark, werden wir es schaffen. Ich kann dir mein Herz nur eines versprechen, ich werde sehen dass dir niemand mehr so sehr wehtun kann. Werde dich nicht verleugnen, dich hegen und pflegen. Ich werde uns beide einfach lieben, uns liebevoll und voller Achtung behandeln.

Fähigkeiten die ich für mich persönlich erlernte

Ich habe gelernt, wie ich mit mir selbst umzugehen habe. Oft bin ich doch noch sehr unsicher mit mir selbst. Das bemerke ich leider meist erst wenn wieder alle meine Fingernägel weg sind. Dann komme ich wieder darauf, dass ich meine Spannungskurve vernachlässigt habe in den letzten Stunden. Wenn ich morgens aufwache und feststellen muss, dass ich mich wieder in der Nacht gekratzt habe bis zum Bluten. Da ich das nicht mehr bin und nicht mehr will habe ich mir ein paar Fähigkeiten angeeignet, damit ich damit klarkomme, dies alles nicht mehr tun muss und für andere nicht so sichtbar unsicher bin. Wenn ich weiß, dass ich zu einer, für mich wichtiger Besprechung muss, nehme ich mir eine kleine Glasmurmel mit. Durch das Wissen, diese Kugel dabei zuhaben, komme ich nicht in die Verlegenheit, unsachlich zu werden. Ich kann nicht ungerecht werden und verbal in die Toilette fallen. Ich muss nicht mit Worten um mich schlagen. Muss nicht laut werden. Kann in Ruhe dem Gespräch folgen, meine Meinung sachlich und fundiert darlegen. Eine weitere Fähigkeit ist für mich, gelernt zu haben nicht immer mit gesenktem Kopf und hängenden Schultern einherzugehen. Dies habe ich geschafft indem ich täglich mich im Nordic Walking übe. Diese Art des Gehens kann man nur richtig ausführen wenn man den Kopf oben hält, immer geradeaus sehend. Da ich aber schlecht mit meinen Stöcken in eine Besprechung oder ähnlich, wichtigen gehen kann, es aber immer wieder Situationen gibt wo ich als aufrechter Mensch auftreten sollte, habe ich mir angewöhnt dorthin in einem besonderen Outfit hinzugehen. Ich ziehe mir eine extra lange Hose oder Rock an. Dazu brauche ich dann hohe Schuhe. Durch den hohen Absatz bekomme ich automatisch eine aufrechtere Haltung. Ich kann mit dieser Kleidung und diesen Schuhen, nicht mit gesenktem Kopf und hängenden Schultern laufen. Ich bin größer, wirke somit auch kompetenter. Dies hilft mir die für mich an sich schwierige Aufgabe zu meistern. Ich brauche niemanden mehr, der mich an die Hand nimmt, mich begleitet zu schwierigen Gesprächen.

Zudem habe ich für mich festgestellt, wenn ich jemandem beim Gespräch direkt und aufmerksam ansehe, steige ich auch wieder in der Achtung des Anderen. Ich kann heute für mich selbst einstehen, muss mich nicht mehr für etwas entschuldigen wofür ich nichts kann. Ich kann heute sachlich und bestimmt sagen, dass dies nicht mein eigenes Unvermögen war. Die Buchserie "Miteinander Reden 1-3 von Friedemann Schulz von Thun" hat mir dabei sehr geholfen. Da habe ich mitbekommen, dass es nur auf „richtiges" Zuhören die richtigen Antworten gibt.

Auch kann ich mir einige kleine Fehler und Missge-schicke selbst verzeihen, muss mich nicht mehr selbst dafür bestrafen. Als Beispiel: ich kann den Tag trotzdem mit Freude begrüßen und leben, auch wenn ich einmal verschlafen habe. Ich muss deshalb nicht mehr zornig auf mich sein und den Tag unnötig zornig wegwerfen. Muss mich an diesem Tag nicht mehr krankmelden oder sonstiges. Brauche mich nicht mehr im Bett unter der Decke verstecken. Es kann mir an diesem Tag auch nicht wirklich etwas passieren nur weil ich verschlafen habe.

Ich darf mich auch an andere Menschen wenden, wenn ich eine Frage habe. Muss nicht alles selbst wissen. Habe gelernt wo meine Ressourcen sind. Jetzt habe ich daher mehr freien Platz im Kopf. Mache mich nicht mehr wegen Kleinigkeiten verrückt weil ich sie nicht weiß oder hinbekomme. Heute kann ich dann zum Telefon greifen, eine Nummer wählen und nachfragen wie, was, funktioniert. Muss mich nicht mehr selbst damit unter Druck setzten. Habe ein gut funktionierendes Netzwerk an Wissen aufgebaut. Werde aufgrund meines jetzigen Wissens geachtet und gemocht. Ich muss nichts schaffen, ich darf es tun, ich kann es tun, und wenn ich es will wirklich von ganzem Herzen will, kann ich es auch schaffen. Brauch mich zu nichts mehr zwingen, nur weil ich nicht fragen kann.

Zudem darf ich auch einmal nichts tun, einfach nur hinsetzen ein Buch lesen, oder die Seele baumeln lassen. Muss nicht immer in Bewegung sein. Kann es mir mit einem Kaffee auf dem Balkon gemütlich machen und die Sonne genießen. So nahm ich mir jetzt auch die Zeit dieses kleine Buch anzufangen. Es ist trotzdem wie eine kleine Extra-Therapie. Es zeigt mir doch wie weit ich schon bin mit der Arbeit an mir. Seit Tagen habe ich nicht mehr richtig geschlafen. Die Buchstaben die hier die Seiten füllen, sie drängen mit voller Macht aus mir heraus. Ich muss es schreiben, erst dann kann ich wieder ruhiger werde. Zum Ausgleich bin ich gerade nebenher noch dabei meine Wohnung umzustellen und zu umräumen. Damit ich endlich eine Struktur nicht nur in meinen Tagesablauf hineinbekomme sondern auch in meinem Leben allgemein.

Heute kann ich auch wieder Geschenke machen, einfach nur weil ich es gern tun möchte. Es muss nichts Materielles sein. Es darf auch jederzeit nur mal ein lieber Gruß oder ein kleines Foto sein. Ich muss nicht aus dem Grund schenken, weil ich meine noch etwas Schuldig zu sein. Kann auch einfach nur einmal jemanden Anrufen oder Anschreiben ohne dass ich jemanden Brauche, einfach so. Meine Freunde und Bekannten werden sich noch daran gewöhnen müssen, dass ich nur mal so anrufe oder schreibe ohne dass mein Leben ein Chaos ist und ich nicht mehr allein weiterkomme. Heute kann ich auch eine Absage akzeptieren ohne dass ich es gleich als ein Versagen meinerseits annehme. Sicher muss ich noch oft nachfragen, ob es an mir liegt. Nur dieses habe ich in der Therapie gelernt. Dieses Nachfragen wenn mir etwas nicht schlüssig ist.

Habe mir angewöhnt, jeden Abend bevor ich zu Bett gehe, meinen Tag aufzuschreiben. Es nimmt mir schlechte Gedanken, lässt mich die lustigen und guten Gedanken hervorholen mit diesen kann ich dann ruhig und meist ohne Alpträume schlafen. Doch habe ich immer einen Block und Stift an meinem Bett liegen. Denn oft wache ich mit einem Kopf voller Gedanken auf, da gibt es dann kein weiteres schlafen mehr. Wenn grübelnde Gedanken mich heimsuchen, ist es wunderbar, diese auf einen Zettel zu schreiben und wegzustecken. Da ich zurzeit noch Zuhause bin, treibe ich mich doch sehr viel in den verschiedensten Foren und Chats im Internet herum. Da kommen dann Sätze oder Artikel vor die mich beschäftigen. Ich nehme sie mir als Thesen und versuche mir dann über das jeweilige Thema klar zu werden. Meine eigene Meinung dazu zu finden. Dies schreibe ich dann auch auf. Durch die Studien der verschiedenen Themen in mir und mit mir, komme ich immer ein ganz großes Stück weiter auf dem Weg zu mir.

Eine liebe Mitpatientin hat mir einen Trick gezeigt, wie ich immer sofort wieder auf den Boden der Tatsachen kommen kann, einfach wieder ins Jetzt und Hier kommen. Man stehe mit beiden Beinen fest auf der Erde. Hebe ein Bein, nun tritt man, nur mit der Verse fest auf den Boden. Dies gibt einen elektrischen Impuls durch die Nerven bis ins Gehirn. Dieser Impuls kommt mit einer Schlagartigkeit im Gehirn an und bringt einen sofort wieder ins Jetzt. So wie ich einige kleine Tricks und Tipps von den Mitpatienten gelernt und auch abgeschaut habe.

Dann habe ich mich wieder mit Büchern eingedeckt. Wichtige für mich. Ich habe verstanden, dass alle Zeiten ihre Bücher haben. Heute brauche ich keine Romane mit Herz und Schmerz mehr. Die Realität hat mich, ich muss nicht in irgendeinem vergangenen Jahrhundert mehr leben. Brauche keine Bücher mehr darüber wie sich die Borderline-Störung zeigt. Ich weiß das am besten selbst, ich erfahre es jeden Tag wieder aufs Neue. Heute, ja heute lese ich Bücher wie ich mein Selbstvertrauen stärken kann. Wie ich mich selbst lieben oder wenigstens mögen kann. Wie ich mit der Welt zurechtkommen kann. Heute lese ich wie ich die Welt, die Menschen um mich herum verstehen oder auch nur Akzeptieren kann.

Meine liebsten Bücher sind diese: „Mut zum Ich" von Mathias Jung und das Beste aller Bücher die ich jemals gelesen habe „Liebe dich selbst, und es ist egal wen du Heiratest" von Eva-Maria Zuhorst. Diese Frau hat mir mit ihrem Buch die Augen geöffnet für die vielen kleinen leichtsinnigen Fehler die ich in meinem Leben mit meinen Partnern gemacht hatte. Sie hat mir zudem meine eigene innere Freiheit gegeben. Aus dieser Freiheit heraus konnte ich mich ansehen wie ich bin. Heute muss ich niemanden mehr ändern, ich kann jeden einzelnen jetzt so annehmen wie er ist. Es ist komplett unrelevant geworden, wie jemand aussieht oder ist. Denn das was mich am anderen stört, was ich

160

am liebsten ändern würde, ist das was ich an mir arbeiten und ändern sollte. Denn dann stört es mich nicht mehr am anderen, dann sind es nur kleine Macken oder Marotten. Solange ich mit mir im reinen bin, mich so annehmen und lieben kann wie ich bin, solange kann ich jeden anderen Menschen lieben und achten egal wie er ist.

In diesen Büchern habe ich mit gelernt im heute und Jetzt zu leben. Mich um mich zu kümmern, zu sehen dass es mir gut geht. Denn wenn es mir gut geht, brauche ich keinen Zorn und keine Wut, auf wen auch immer. Ich habe gelernt wenn ich meine mir eigenen Fehler und Unzulänglichkeiten akzeptiere, sie als gegeben nehme oder sie für mich selbst ändere, dann stört mich an anderen Menschen weniger etwas. Eine Liste der von mir gelesenen Bücher habe ich am Ende dieses Buches aufgelistet.

Diese Bücher und andere von den verschiedenen Psychologen und Wissenschaftlern haben mich zum Nachdenken und neu überdenken gebracht. In einem dieser Bücher habe ich einen Ausspruch von Virginia Satir gelesen.

Sie sagt aus; „Vielleicht wäre es einer der größten Liebesdienste an uns selbst, wenn wir uns einmal all unsere Überzeugungen daraufhin anschauen würden, ob sie heute überhaupt noch zu unserem Leben passen oder ob sie Relikte aus der Vergangenheit sind, die wir unüberprüft mit uns herumschleppen."

Diesen Satz werde ich niemals mehr vergessen. Denn er gibt mir die Möglichkeit alles neu zu erleben und zu überdenken.

Dadurch habe ich gelernt dass alles und jedes einen Sinn hat. Deshalb sage ich heute auch. Es hat seinen Sinn gehabt dass dieser Mann gerade vor meinen Zug gelaufen ist. Als ich in mir soweit war, als ich mich mit ihm auseinandergesetzt hatte, habe ich ihm einen Brief geschrieben. Dies war sehr wichtig für mich, es soll mir und ihm zeigen, dass ich ihm nicht böse bin, aufgrund seines Verhaltens.

Lieber Unbekannter,

Ich kenne dich nicht, es wird dich auch niemand mehr kennen lernen können. Manchmal in all der schweren Zeit habe ich mich gefragt, „welches Unglück hattest du" „Was hat dich so verzweifelt werden lassen?" Auch war ich sehr lange sehr, sehr wütend und sauer auf dich. Wieso ich? Wieso bei mir? Was habe ich dir getan? Du kennst mich doch gar nicht. Du wusstest doch gar nicht dass es mich überhaupt gibt. Warum also bei mir? Das waren sehr lange meine Fragen. Auch gabst du mir das Gefühl ich habe zu wenig getan. Ich hätte versagt. Aber ich kann dir heute sagen: Ich kann nichts für dein Unglück! Ich kann nichts für deine Verzweiflung! Ich habe alles getan was ich konnte! Du! richtig, Du! wolltest nicht mehr leben, nicht ich wollte dich totfahren. Kapier das endlich dachte ich immer. Doch dann, dann habe ich komplett durchgedreht, ich brauchte dringend Hilfe. Andere haben es schneller gesehen. Haben mich dazu gezwungen. Heute bin ich dankbar. Heute nachdem ich Hilfe bekommen habe, weiß ich alles hat seinen Sinn. Es hatte also auch einen Sinn warum du bei mir gesprungen bist. Vielleicht war es dass ich Psychiatrische Hilfe bekomme? Ich weiß es nicht. Es wird seinen Grund gehabt haben. Heute mein Unbekannter heute kann ich dir Danke! sagen. Danke! Danke! Danke! Dadurch bekam ich die Chance mich kennen zu lernen. Dadurch bekam ich die Chance mich mit mir auseinander zusetzten. Dadurch bekam ich die Chance Ich zu sein. Zu meinem neuen wirklichen Ich zu stehen. Mich so anzunehmen wie ich bin. Nicht so sein zu müssen wie andere mich gern haben wollen. Nein zu sagen wenn ich es meine. Dadurch kann ich wieder aufrecht gehen laufen und stehen. Heute stehe ich" meine Frau". Auch wenn mir manches noch sehr viel Angst macht. Nur wie gesagt: Angst ist gleich eine Blockade der Psyche. Lass es zu dass ich Blockiert bin, somit habe ich die Blockierung im Griff und nicht umgedreht. Solange ich das weiß und ich darf Angst haben. Ist es nicht schlimm. Ich bin halt einfach noch nicht gesund, aber schon ein weites Stück dahin gegangen. Doch kommen immer wieder die schlimmen Bilder und Gedanken hoch. Doch störst du mein Leben immer weiter. Ich schreibe sie auf, damit ich sie aus dem Kopf bekommen kann.

Was ist los? Was kann das sein?

Warum holt mich mein Toter immer wieder ein? In meinen Träumen, grinst der Mann unter meinem Zug mich an. Bitte, sag schon, was soll das alles, Mann. Warum du, wann gibst du endlich Ruh? Nimm doch endlich deine Schuh und mach die Augen zu! Du quälst mich grad jede Nacht, sag schon, wer gibt dir diese Macht? Lass es doch bitte endlich sein, denn wegen dir bin ich doch mit so allein. Hab doch getan, alles was ich kann, doch nun bin ich schon 2 Jahre krank. Fast alles hab ich verloren durch dich! Was willst du? Mein Leben? Nein! das bekommst du nicht! Du willst mich zerstören, das lass ich nicht zu, ich trete dich in Hintern, gib endlich Ruh! Ich will mein Leben, wieder für mich, nimm deinen Müll und troll dich!

Schuldig? oder nicht?

Welche Frage denkst du dir. Niemals! sagst du, ich weiß das wohl. Nur mich quält diese Frage sehr. Ich habe ihn tot gefahren, das ist klar. Das ist Fakt. Er ist tot, ich bin gefahren. Er nahm mich als Werkzeug seines Tuns. Ist er Schuld an meiner inneren Leere? An meiner Traurigkeit? Wie kann ich mich von dem Erlebten befreien? Es hat dich doch einen Scheiß interessiert, was durch deine Tat in anderen stirbt. Du bist tot, du hast es geschafft, lass mich in Ruh, ich brauche den Schlaf bei Nacht! Die Frage, Warum? Sie sieht aus wie eine Mauer. Glasglatt, unendlich weit und hoch. Ich kann machen was ich will, ich komm nicht wirklich hinter an den Sinn.

Ich weiß es nicht, was kann das sein?

Was macht mir gerade solche Probleme? Ich weiß es nicht! Seit Tagen kämpfe ich einen Kampf gegen mich selbst. Bisher war es immer so, dass wenn es ans Blut abnehmen ging, sich sehr schlecht eine Ader fand. Nun sehe ich sie immer. Streich ich sacht über meine Haut, kommen die Adern hoch, wunderschön und blau. Es macht mich fertig, und doch so unheimlich an. Nur einmal noch das warme Blut rinnen sehen, zu riechen, diesen herrlich warmen vollen Geruch. Zu sehen wie es dunkel rot unter der Haut hervorquillt. Wie es warm und zärtlich die Haut hinunter rinnt. Meine Beine sind blau bis gelb und grün. So sehr haben sie letzte Woche gelitten. Ich will es nicht, und doch lacht mich jede blaue Ader in Armen, Beinen und Bauch immer wieder aufs Neue an. Was soll ich tun? Was kann es sein? Was belastet mich dermaßen, dass ich immer wieder mich so zusammen reißen muss um nicht zur Nadel oder Schere zu greifen und sie zu öffnen? Etwas blockiert mich ohne Ende und ich weiß es nicht was es sein kann. Dann kommt natürlich das Grübeln mit, denn es muss doch einen Grund haben. Nur wenn ich diesen kennen würde, könnte ich besser mich zurück halten. Warum kommt es immer dann mir in den Sinn, wenn ich grad zu Bett gehe? Warum leuchten mich die Adern sogar im Dunkeln an? Ich mach dann Licht und sehe unter der Haut wie es warm und pulsierend durch die Adern fließt. Und immer kommt dann die Frage mit: Was ist los? Was kann das sein? Oft schmerzen die Adern so sehr, dass ich sie am liebsten öffnen würde, damit dieser Druck in mir nach lässt. Soll ich zu meinem Doc gehen? Soll ich ihn bitten mir richtig Blut abzunehmen? Wird dann der Druck weniger? Ist das eine Möglichkeit? Ach Mist, was soll ich denn tun? Ich schreibe es auf, und hoffe ich kann dann jetzt wieder schlafen.

Ich liebe es weiterhin in Farben zu baden. Da ich in meiner Wohnung nicht großartig mit Seidenmalen anfangen kann, und auch kein Gerät habe zum fixieren bin ich auf Acrylfarbe und Papier umgestiegen. Wenn es als draußen mieses Wetter ist oder Regnet, mache ich es mir mit meinen Farben bequem. Gehe aus mir heraus und in Urlaub. Lasse mich in die Farben fallen. Viele Stunden später sehe ich dann was mein Gefühl so alles gemalt hat. Die meisten dieser Bilder gefallen mir sogar selbst. Ich hatte immer behauptet ich könne nicht malen. Unsinn, ich gehe jetzt sogar davon aus, dass jeder malen kann. Ich selbst darf mir nur nicht vornehmen was ich malen will, denn dieses bekomme ich mit Sicherheit niemals hin. Auch habe ich aufgehört mich an anderen zu messen. Jedes Kunstwerk egal was es ist, ist einzigartig, so wie der Mensch der es gemalt hat auch einzigartig ist. Ich muss mich in meiner Kunst mit niemandem messen, denn keiner kann ermessen was diese für mich bedeutet. Jeder sieht zudem in jedem einzelnen Foto oder Bild etwas anderes als der nächste der es sich ansieht. So wie

166

jeder seinen eigenen Geschmack hat, so wie jeder einzelne gelernt hat sich zu leben, so sieht er auch Kunst.

Gespräche mit meiner Familie

Meine Tochter,

Heute möchte ich mich noch einmal mit dir auseinander setzten. Ich muss dies für mich alleine tun, denn du redest ja nicht mehr mit mir. Ich weiß nicht wirklich was dir genau Probleme macht. Du hast mir keine Erklärung gegeben warum. Jetzt hatte ich dich in meiner Grübel-Dose, heute nahm ich dich heraus, möchte wissen wie ich nun mit den Gedanken und Gefühlen an dich zurechtkommen werde.

Seit 25 Jahren leide ich jedes Jahr am gleichen Tag unter den schlimmsten Wehenschmerzen. Jeder Arzt sagt mir, dies könne gar nicht sein. Nur ich weiß es ganz genau, jedes Jahr am gleichen Tag zur gleichen Zeit. Jahrelang habe ich dich gesucht meine Süße. In jedem Mädchen in jeder jungen Frau, habe ich dich gesehen. Nirgends habe ich dich gefunden. Vor über 4 Jahren hast du mich zum glücklichsten aller Menschen gemacht. Du wolltest mich sehen, wolltest mich treffen. Ich dachte zu weit, zu schnell. Ich hätte dich am allerliebsten mit mir genommen. Habe Nächtelang geweint vor Glück und mich nicht getraut dir mein Glück zu zeigen. Ich dachte es passiert irgendetwas wenn ich es dir zeige, wenn ich dich meine Liebe

167

spüren lassen. Ich hatte Angst zu sterben vor lauter Freude. Bin in dieser Zeit wie auf Glas laufend mit dir umgegangen. Du hattest mich so sehr stolz gemacht, als du mich deinen Freunden vorgestellt hattest. Jede Minute die ich dich hatte, habe ich aufgesogen wie ein Schwamm. Ich dachte doch wirklich auch du hättest mich ein klein wenig lieb. Irgendwie war ich da in eine falsche Richtung gelaufen.

Du, die aussieht wie mein Pa, du mit dem gleichen tollen Locken wie deine Ma. Du kommst ganz nach meiner Seite deiner Familie. Mein Pa wäre stolz auf so eine Enkeltochter wie dich. Was ich gesehen habe, hast du nur 2 Sachen von deinem Pa. Das sind dein Gang und deine Hände. Als ich dich das erste Mal gesehen habe, dachte ich man hält mir einen Spiegel vor. Alles bis auf die Haarfarbe, war ich. Wir hatten sogar immer wieder an der gleichen Stelle einen Pickel. Wie oft habe ich den Dienst getauscht, damit ich zu dir fahren konnte. Eigentlich hätte ich gerne deine jetzige Familie kennen gelernt. Du hast entschieden du willst mich nicht mehr, dadurch habe ich die ein zweites Mal verloren. Es sind für mich irrsinnige Stunden voller Tränen gewesen. Ich konnte es nicht verstehen. Kann es heute noch nicht verstehen. Warum bist du nicht ehrlich zu mir? Was ist es? Weißt du meine Süße, ich sollte dringend wissen, warum du mich nicht mehr sehen oder hören willst. Du liest ja nicht einmal meine Mails. Und wenn ich dir etwas sehr wichtiges mitteilen versuche, antwortest du sehr patzig.

Nein, ich will lieber keine Antwort von dir als so eine patzige. Doch ich wünschte mir mal 1 oder 2 Tage nur mit dir. Ich bin neugierig, ich möchte doch nur wissen wie es dir geht, mein Kind. Weißt du fehlst mir einfach nur. Ich könnte schon allein wenn ich dein Foto ansehe weinen. Vor Wochen habe ich deine Fotos weggepackt, nicht weil ich dich nicht ansehen will, sondern weil ich es nicht kann. Es sind die gleichen Schmerzen die ich zurzeit leide wie bei deiner Geburt und die Tage, Wochen, Monate und Jahre danach. Ich glaube es ist vielleicht auch eine Möglichkeit wenn ich hier alles aufschreibe, dass du dieses irgendwann einmal zu lesen bekommst. Ach ja da ist noch eines, was mich sehr verletzt hatte, ich habe mir fast 9 Monate Gedanken gemacht, wie ich dich nennen werde. Habe dir mit viel Liebe einen Namen gegeben, dann kommst du zu mir und meinst, dies wäre der scheußlichste Name den du kennst. Das tut weh, kannst du das verstehen? Ich habe 18 Jahre in diesem Namen an dich gedacht, denn einen anderen kannste ich ja nicht. Hast du meine Gedanken, meine Liebe trotzdem gespürt? Was hat mein Bruder und ehemals bester Freund zu dir gesagt? Was hat er dir geschrieben? Ok, du willst es mir ja nichts sagen. Ich weiß ja nur das eine, du hattest vergessen mir zum Geburtstag Hallo zu sagen. Mein Großer war darüber sehr sauer. Warum weiß ich nicht, war doch mein Geburtstag. Ich war enttäuscht. Hätte mich sehr über einen Gruß gefreut, setzte es nur nicht voraus. Leider hast du sofort als ich dich fragte, verbal um dich geschlagen. Dann bekamst du eine Mail von meinem

Großen. Die Antwort auf diese Mail hast du mir geschickt, nicht ihm. Du hast gemeint ich würde dir Probleme bereiten, du kämst mit mir nicht zurecht. Ich akzeptiere das radikal, denn nur so kann ich damit umgehen und muss mich nicht verrückt machen. Muss mich nicht fragen was ich noch falsch gemacht habe. Ich liebe dich über alles meine Tochter. Du bist das wertvollste was ich je in meinem Herzen hatte und habe. Ich werde dich immer lieben egal wie du dich in ferner Zukunft entscheiden wirst. Vielleicht habe ich ja irgendwann einmal das Glück und du lässt dich wieder von mir lieb haben.

Ein mit Liebe übervolles Herz grüßt dich meine Tochter, alles Liebe deine Ma.

Hallo Pa,

Es ist das erste Mal dass ich dich Papa nennen kann. Ja ich kann dich Papa nennen. Nein du kannst es nicht mehr erleben dass ich das endlich in dem Alter noch schaffe. Ich muss dich nicht mehr beim Namen nennen. Ich darf Papa sagen. Du hast mir unbewusst 32 Jahre Schmerzen hoch drei gemacht. Dabei konntest du doch gar nichts dafür. das ist es was mir heute für dich Leid tut. Dass ich dir 32 Jahre böse war. Vielleicht für dein Verständnis, du hast es ja nicht mehr mit bekommen leider. Ich schreibe es einfach mal auf, dann kann ich es auch richtig weglegen. Als erledigt. Als verarbeitet. Nicht als dich vergessen.

Denn dich vergessen kann ich nicht. Du hast mir soviel mit gegeben, jedes Mal wenn ich in den Spiegel schaue sehe ich dich an. Ich brauche keine Fotos von dir. Denn dein Foto hast du mir vererbt. Sag mal Papa, mit was für einem Gesicht bist du denn herum gelaufen, wo du doch mir deines mit gegeben hast?

Weißt du Papa, man hat mir damals erzählt, als du verstorben warst, dass ich der Auslöser dafür gewesen sein soll. Ich konnte doch nichts dafür Papa, ich war doch ein Kind. Ein Kind, welches du gemacht hast. Leugnen zwecklos mich kannste nicht verstecken.

Sag Papa wie soll ein Kind damit umgehen dem gesagt wird es wäre Schuld an deinem Tod? Nur durch seine Anwesenheit? Ich kann es heute noch nicht verstehen. Ich kann es mir nur so erklären dass mein amtlicher Vormund damals damit überfordert war und sein Mund erst gesprochen hat bevor nachdachte oder dass er es damals nicht anders wusste. Heute weiß ich es genau, ich kann nichts dafür! Seit ich das weiß geht es mir bedeutend besser. Leider habe ich sehr lange dazu gebraucht um auf den Trichter zu kommen. Irgendwie wird es einen Sinn gehabt haben dass ich soviel erleiden und erdulden und erleben musste.

Weißte Papa, ich wollte nicht mehr, und weil ich nicht mehr wollte wurde mein Körper sehr krank, dann kam da wie immer im Leben ja noch soviel mehr dazu. Ich habe mich dann einfach ins Bett gelegt und gewartet dass meine Krankheit immer schlimmer wurde, so schlimm dass es nicht mehr zum Aushalten war und ich mich zum Sterben hingelegt hatte. Ich wurde gefunden, ich wurde gezwungen wieder am Leben teilzunehmen. Man ließ es einfach nicht zu dass ich so früh sterben durfte. Man gab mir Hilfe zur Seite. Ich habe jetzt einen Therapeuten mit dem kann ich reden. Dem darf ich erzählen was mich bewegt. Der Zeigt mir auf wie es sein kann und darf.

Ich muss mir nicht mehr wehtun, damit ich die seelischen Schmerzen kompensieren und ertragen kann. Ich muss mich nicht mehr drehen und wenden um es anderen recht zu machen. Und du Papa, weißt du was das schönste an allem ist? Es ist ich kann wieder lieben! Ich darf Lieben! Mich selbst und andere. Ohne Forderungen. kennst du das? Einfach nur lieben dürfen. Den anderen und dich selbst? Weißt du wie Erfüllend es ist zu lieben? Einfach so sein zu können wie ich bin. ohne mich zu verstellen. Ich muss nicht den Clown spielen, darf auch mal traurig sein. Ich muss nicht suchen, muss nicht irgendwas tun. Ich darf mir am herrlichen Samstagnachmittag nackt auf dem Balkon sitzen und dir diesen Brief schreiben. Ich darf sehen, dass meine Burg eine dringende Reinigung nötig hätte, ich darf wissen dass ich dringend waschen sollte, und doch darf ich hier bleiben und alles liegen lassen und dir diesen Brief schreiben.

Ich darf mir Zeit für mich nehmen! Jederzeit wenn ich es brauche. Ich bin ok so wie ich bin! Ich bin liebenswert! Dies, Papa das habe ich jetzt begriffen.

ich darf dich in Ruhe lassen, muss dir nicht Böse mehr sein. Ich darf mir wünschen, dass du mich weiterhin begleitest und ich bin mit Freuden Deine Tochter. Du Papa ich liebe dich. Ich wünsche mir dass du mich weiterhin begleitest.

Deine mit liebevollem Herzen und Gedanken an dich denkende Tochter.

Hallo Pa,

Heute möchte ich dir mal wieder ein paar Zeilen schreiben. Tagtäglich denke ich an dich. So oft rede ich auch mit dir. In den letzten Tagen war ich immer wieder auf dem Friedhof. Bin mal alle Gräber abgelaufen hier im Ort. Du wirst es nicht glauben, es gibt auf dem großen Friedhof nicht einen einzigen mit deinem Namen. Ja du hast Recht, ich brauche keinen Stein wo der Name steht, ich kann mich jetzt schon so und jederzeit mit dir unterhalten. Das freut mich sehr und ich weiß es auch im Inneren, du bist bei mir und hörst mir aufmerksam zu.

Die letzte Zeit war sehr Ereignisreich. Ich werde immer stärker und gefestigter in mir. Muss mich nicht mehr so sehr anstrengen um mich auf die neuen Verhaltensweisen einzustellen. Wurde zwar in letzter Zeit wieder öfter verletzt, nur ich komme damit besser zurecht, weiß ich doch nun es ist nicht mein Fehler, ich kann im Prinzip nichts dafür. Sondern dass es nur das Unvermögen des Anderen ist oder einfach nur die

Umstände. Seitdem ich dieses alles begriffen hatte, war das Leben einfacher für mich zu gestalten.

Auch möchte ich mal heute deine kleine Tochter sein, möchte von dir gelobt werden. Ich habe mich überwunden, nein, das ist falsch ausgedrückt. Mal sehen ob mir ein besseres Wort dafür noch einfällt. Ich habe gemalt, 12 schöne Bilder gemalt. Hast du sie dir angesehen? Ich habe mich getraut, habe sie im Internet eingestellt. Dafür auch einiges an Lob von fremden Menschen bekommen, sowie auch für meine vielen Fotos. Lob mich Pa, nimm mich mal in Arm und drück mich liebevoll.

Hast du es mitbekommen? Momentan schreibe ich mein unwichtiges Leben nieder. Dieses Buch wird wohl nie richtig fertig werden. Vielleicht gibt es ja irgendwann mal jemand der es in späteren Zeiten mal verlegt. Ich werde es aber von meinem Therapeuten lesen lassen. Wahrscheinlich werde ich es auch irgendwann mal meinen Sohn lesen lassen. Ich denke mal auch ein sehr guter Freund wird es zu lesen bekommen. Nur damit er mal sieht wie ich wirklich ticke.

Ja du lächelst schon wieder über meine Wortwahl. Lass mir meine Sprache, damit kann ich es am einfachsten und besten für mich ausdrücken was ich sagen will. Du weißt ja auch, dass ich dir selten nur so etwas erzähle, dir sage ich, mit dir rede ich ernsthaft. Über das erzählen sind wir hinaus. Klar werde ich dir täglich immer wieder mal was erzählen, nur ist das dann nicht so sehr relevant, es wird nichts sein, was mir wirklich wichtig erscheint. Dies werde ich dir immer sagen. Niemals erzählen.

So für heute werde ich nun Schluss machen. Ich sollte ins Bett denn es ist schon fast wieder halb drei in der Frühe. Heute habe ich viel geschafft. Ich habe schon zig Seiten voll geschrieben für uns beide. Für mich, damit ich mit meinem Leben besser klar komme, für dich und mich, damit wir beide besser verstehen was so in mir vor sich geht.

Bis bald Pa, Deine kleine Tochter

Heute mit über vierzig Jahren und in einer guten Therapie bin ich zu dem Ergebnis gekommen

Und fast 2 Jahre psychiatrische Behandlung, weiß ich damals mit 6 Jahren fing meine Krankheit an. Durch den vermeintlichen Vertrauensbruch der damaligen Bezugsperson, die einfach ging und mich allein ließ. Nein, Sie konnte auch nichts dafür. Sie lebte ihr leben wie sie es für gut befand und wir waren doch nur fremde Kinder. Es war einfach ihr Arbeitsplatz den sie änderte. Damals fing ich an, mit jeder Verletzung die ich bekam, die Krankheit zu kultivieren, sie auszufeilen. Meine Mauer in mir immer höher und dicker zu bauen. Auch hilft es mir sehr viel, dass ich diese Zeilen und verschiedene Kapitel schreibe. Damit ich mir immer klarer werden kann, was damals in mir selbst falsch gelaufen ist. Es konnte keiner etwas dafür. Weder ich noch das Erziehungspersonal. Irgendwie ist damals halt einiges dumm und falsch gelaufen.

Auch habe ich nicht mehr zugelassen, geliebt zu werden, und zu lieben. Dies zieht sich durch mein ganzes Leben, bis jetzt. Jetzt verziehen sich die dunklen Wolken und die Sonne kommt immer wieder, immer öfter und länger hervor.

Heute weiß ich wo meine Ressourcen sind. Habe mir eine eigenes kleines Netzwerk aufgebaut. Festgestellt wer wirklich es gut mit mir meint und mir gerne mit Rat und Tat zur Seite steht. Ich muss nicht mehr alles für mich alleine verarbeiten. Darf jederzeit wenn ich es brauche um Hilfe bitten. Jetzt ist mir klar geworden, alles hatte seinen Sinn gehabt. Jedes einzelne Jahr meines Lebens. Auch hatte es seinen Grund, dass ich so alt werden musste um das zu begreifen. Im Schwäbischen gibt es einen Spruch der besagt, dass der Mensch erst mit vierzig gescheit wird. Ich denke auch dieser Spruch hat seinen Wahrheitsgehalt. Ich bin froh dass ich jetzt neu Anfangen konnte, denn ich bin noch Jung und wieder ein positiver und fröhlicher Mensch. Ich kann das Leben wieder anlachen und sagen, komm reize mich, zeig dich mir, ich liebe dich so wie du dich mir erschließt. Ich werde dich annehmen mit allem was du mir noch zu geben hast. Ich werde mich nicht mehr aus diesem Leben stehlen, ich werde ihm eine lange Nase zeigen, denn ich bin in mir erstarkt und kann das Leben nun leben. Ich freue mich tierisch auf mein neues Leben! Komm her mein Leben, ich liebe und habe Lust auf dich.

Ich weiß ich bin gut so wie ich bin. Ich muss mich für niemanden verbiegen und ändern. Ich bin ein liebenswerter Mensch und habe das Recht auf Liebe, Freundschaft und Zuneigung. Ich darf sein wie ich bin, und das ist gut so.

Beschloss, mich fortan als positiver, liebenswerter Mensch zu sehen. Ich bin lieb, ich kann das tun was ich sollte, ich kann das sein was ich will, ich bin ein positiver Mensch, ich zerdenke nichts mehr, ich lebe jeden Tag, jede Stunde für sich, ich bleibe im „jetzt und heute", ich bin eine starke Frau, ich konzentriere mich auf mich und nicht mehr auf die anderen. Ich bin ich selbst, der Mensch den ich sein möchte. Ich entscheide. Ich lebe danach.

Es ist wichtig, sich immer ein Ziel zu stecken. Auf dieses Ziel hinzuarbeiten. Es muss nicht ein Datum gesetzt sein. Nur um zu wissen es gibt ein Ziel. Ohne Ziel geht es nicht, sonst lebt man nur in den Tag und Jahr hinein. In der Klinik hatte ich ein großes Ziel und drei kleinere. Mit jedem erreichten Ziel wurde ich größer und stärker. Wenn dann mal ein kleiner Misserfolg kommt, sollte man sich nicht aufregen, nicht ärgern. Es auf ein Neues versuchen. Sich mal überlegen warum wurde es ein Misserfolg? Meist ist es ganz einfach, entweder das Ziel war zu groß, oder der Zeitrahmen zu klein und zu eng. Versuche mal den Zeitrahmen weg zulassen. Setzt dich niemals unter Druck. Sieh zu dass du mit kleinen feinen Schritten unterwegs bist, denn dies ist besser als wenn du 2 große Schritte machst und einen wieder zurück musst.

Ich gehe täglich einige Zeit walken, dieses gleichmäßige gehen wirkt sehr beruhigend auf mich. Je gestresster ich vom Tage oder der Nacht bin, desto länger werden meine Touren. Ich kann mich bei diesem gehen einfach fallen lassen. Da nehme ich mir ein wenig Entspannungsmusik mit und kann mit offenen Augen die Natur genießen.

178

Meinem inneren Schweinehund dem gab ich einen Namen, den füttere ich regelmäßig, denn so lässt er mich in Ruhe. So habe ich mir das Recht dazu gegeben auch mit ihm zu schimpfen. Da er einen Namen hat, kann ich ihn auch in ein anderes Zimmer schicken, oder sagen, du bleibst nun hier passt auf die Burg auf, denn ich will und sollte nun ein wenig laufen gehen. So schaffe ich es immer wieder mich zu sportlichen Tätigkeiten zu bekommen. Dies ist eine sehr gute Art sich selbst zu etwas zu bekommen wofür man eigentlich zu bequem ist.

Damit ich wieder richtig und durchschlafen kann, hatte ich mir als erstes einmal 2 Nächte und Tage Schlafentzug verordnet. So konnte ich dann wieder anfangen in einen geregelten Schlaf zu kommen. Auch habe ich den Fernseher aus dem Schlafzimmer verbannt sowie die Handyladekabel. Nun summt und surrt nichts mehr irgendwo im Zimmer. Auch habe ich das Schlafzimmer mit dem Arbeitszimmer getauscht. Jetzt muss ich nicht mehr bei Nacht in dem Zimmer schlafen, wo ich vor Jahren versuchte der Welt zu entfliehen. Das damalige Bett habe ich komplett entsorgt. Habe mir nun ein Bett selbst gebaut. Ein Bett so wie ich es schon immer haben wollte. Jetzt steht einem gesunden und erholsamen Schlaf nichts mehr im Wege. Am Anfang als ich aus der Klinik kam, dachte ich noch ich müsse sogar die Wohnung wechseln. Da ich mich in dieser Burg sehr wohl fühle, wollte ich erst mal alles andere versuchen. Und? Es geht wieder. Da ich mich nun sehr aufmerksam um mich kümmere, viel mir bei dem vielen Denken der Gedanken dieser kleine Spruch ein.

Auf meinem neuen Weg zu dir, laufe ich ganz vorsichtig noch, damit ich nicht mehr falle bei so vielen Steinen, auf dem Weg zu dir, mein Herz.

Damit ich nicht in den Kreislauf meiner Gedanken zurückfalle, sorge ich immer dafür, dass genug Farben und Papier in meinem Besitz sind. Schon allein dies zu wissen, gibt mir eine Sicherheit. Dies gehört mit zu dem Netzwerk meiner Fähigkeiten. So wie ich immer eine Liste am Telefon habe mit Nummern die ich bei Tag und Nacht anrufen kann, sollte es mir nicht gut gehen. Meinen Freunden, wie mir auch, habe ich eine Liste geschrieben mit meinen Fähigkeiten. Wenn ich dann anrufe gehen wir diese Liste durch. Somit wird mein Blick wieder dahin gelenkt, auf diese Sachen die ich kann. Auch habe ich dafür gesorgt, dass ich immer mein Notfall Medikament im Hause und in der Tasche habe. Es geht nicht darum, dass ich dies nehme, sondern, dass ich weiß ich habe es da sollte ich Not haben.

Wenn ich mich einmal selbst zu sehr, mit was auch immer, unter Druck setzte, nicht mehr weiterkomme, weil es einfach zuviel geworden ist, habe ich mir angewöhnt wenn ich es registriere, dass ich diese Arbeit liegen lasse und etwas komplett anderes mache. Da male ich dann ein Bild oder lese 1 bis 2 Kapitel in einem Buch. Manchmal gehe ich dann auch in die

Küche mache mir einen Kaffee decke den Tisch schön und setzte mich nur hin und genieße diesen. Danach geht es dann wieder einfacher und flotter weiter.

Sollte ich mich einmal richtig übernommen haben und keinen Kopf mehr für ein Buch oder mich nicht mehr entspannen kann, da habe ich mir ein paar Naturdokumentationen besorgt. Nun kuschel ich mich warm und weich in eine Wolldecke und sehe mir dies an. Das beruhigt und gibt mir die Kraft wieder zurück. Früher habe ich mich dann in noch mehr Stress geflüchtet und den Großputz in der Wohnung ange-fangen. Dabei regte ich mich wieder auf, weil ich nichts wirklich fertig gebracht hatte. So wurde ich immer aggressiver mir gegenüber. Heute setzte ich mich und konzentriere mich auf die jeweilige Tätigkeit allein. Zu dieser Einsicht bin ich durch einen Spruch gekommen, welchen ich in der Klinik einmal gehört hatte.

Ein in Meditation erfahrener Mann wurde einmal gefragt, warum er trotz seiner vielen Beschäftigungen immer so gesammelt und ruhig sein könne.

Er sagte:

Wenn ich stehe, dann stehe ich.
wenn ich gehe, dann gehe ich.
Wenn ich sitze, dann sitze ich.
Wenn ich esse, dann esse ich.
Wenn ich spreche, dann spreche ich.

Da fielen ihm die Fragesteller ins Wort und sagten:
„Das tun wir doch auch."
Er aber sagte zu ihnen:

„Nein, wenn ihr sitzt, dann steht ihr schon; wenn ihr steht, dann lauft ihr schon; wenn ihr lauft, dann seid ihr schon am Ziel."

Seit ich diesen Spruch gehört hatte, habe ich mich umgestellt. Wenn ich esse, esse ich und zwar ohne Radio, TV oder Buch. Wenn ich gehe dann gehe ich. Ich mache einfach jedes einzeln und bin mit meinen Gedanken und Tun ganz bei dieser Sache. Nun sehe ich kein Fern mehr beim Bügeln wenn ich ein Telefongespräch gleichzeitig habe. Ich kann das, das ist kein Problem. Nur bin ich dann mit einem Auge am Bügeln mit dem anderen beim Fernsehen, mit einem Ohr am Telefon und das zweite versucht dem Fernseher zuzuhören. So bekomme ich von allem nur einen Bruchteil mit. Seit ich dies geändert habe, kann ich wieder richtig zuhören. Ich kann entspannter mein Leben, leben und alles ist richtig gemacht. Die Wäsche ist glatt und sauber, ich habe das Telefongespräch richtig mitbekommen und die Nachrichten im TV habe ich auch begriffen. So bin ich mit mir zufrieden. Ich muss nicht mehr Multitasking fähig sein. Ich brauche dies nicht mehr. Muss niemandem mehr etwas beweisen. Ich habe Zeit. Ich teile mir meine Zeit selbst ein und werde nicht von der Zeit eingeteilt.

Auf dem Weg zu meiner inneren Freiheit

Nur wenige werden es nachvollziehen können wie schwierig es ist, sich selbst - sein bisheriges Selbst - aufzugeben und sich auf den Weg der eigenen innen Freiheit zu machen.

Ich bin Borderliner, so sagt man mir das. Wer ist das in dieser Zeit eigentlich nicht? Dieses Krankheitsbild kommt mir so allumfassend vor, dass ich es nie richtig definieren kann. Es besteht aus sehr viel Angst, Aggression und Wut über und vor sich selbst.

Also musste ich erst einmal versuchen herauszubekommen was ist Borderline? Heute brauche ich das nicht mehr, ich würde auch jedem, nach meiner Sicht, abraten das herausfinden zu wollen. Denn ein Jeder weiß das mit Sicherheit selbst, welche Unzulänglichkeiten ihn plagen, welche Ängste er hat und wie er unter seiner eigenen Nichtachtung seines Selbst leidet. Wichtig ist doch nur herauszufinden wie werde ich damit fertig? Ich habe angefangen zu lesen, zuerst durch einen witzigen Vorfall. Als ich damals noch in der geschlossenen Psychiatrie lag, hörte ich von einem Buch von Eva-Maria Zuhorst „Liebe dich selbst, und es ist egal wen du heiratest. Schon dieser Titel brachte mich auf die Palme. Ich las dieses Buch in einem Rutsch weg. Und als ich fertig war, wollte ich mich am liebsten mit der Autorin anlegen, von wegen was sie da für einen Stuss erzählt. Doch dann fingen kleine geheime Zellen und Windungen im Kopf an zu arbeiten. In einigem musste ich ihr schon beim lesen recht geben. So nahm ich mir Bleistift und Papier zur Hand und las das Buch noch einmal. Mit erstaunlichem Ergebnis, je mehr ich las und über jedes Kapitel nachdachte, je mehr hatte sie Recht. Mir vielen plötzlich die vielen kleinen Dinge auf die ich in meiner gescheiterten Ehe falsch gemacht hatte und wofür immer mein Mann die Schuld trug. Heute weiß ich zusätzlich, es ist ein Teil meiner nicht bewussten Krankheit gewesen.

Eigentlich hatte ich ein riesen Glück, dass die Krankheit überhaupt festgestellt werden konnte. Vielleicht war es Schicksal dass mir ein suizidaler Mann vor den Zug gelaufen ist, vielleicht auch glückliche Fügung. Obwohl mir dieser Unfall den kompletten Boden unter den Füßen weggezogen hatte. Ich stand von jetzt auf sofort vor dem Nichts. War nur noch eine Hülle die mehr recht als schlecht funktionierte, bis zum kompletten Zusammenbruch. Welch ein Glück, dass es Psychiatrische Kranken-häuser gibt. Dies nur zur Info am Anfang und besseren Verständnis.

So kam ich zu immer mehr Wissenshunger und wollte einfach verstehen lernen warum ich so ticke und nicht wie der Rest meiner Umwelt. Heute bin ich sogar irgendwie Dankbar, dass ich so denken und handeln kann wie ich es tue. Voll mit riesigen, berghohen

Ängsten, konnte ich nicht mehr ein noch aussehen. Ich war gefangen! In mir gefangen und fand keine Türe mehr die mich heraus aus dem inneren Gefängnis lies. Mit jedem Buch, welches ich zur Hand nahm, wurde es ein wenig Heller in meinem schwarzen Ich. Mit jedem Wort, jeder Seite, jedes Buches lernte ich wieder mit mir zu kommunizieren. Mich mir selbst verständlich zu machen. Zu Anfang bekam ich noch professionelle Hilfe in Form von Gesprächen und Therapien. Ich würde heute jedem dazu raten, sich diesem schweren Weg zu stellen. Nach fast 5 Jahren Therapie und Hilfe von Therapeuten, Ärzten und den Büchern, kann ich heute sagen ich bin frei.

Heute habe ich die Freiheit, gefunden, mich selbst zu lieben, mich selbst anzunehmen mit allen Macken und Fehlern die man sich im laufe des Lebens aneignet. Doch ich darf sie haben. Es ist überhaupt nichts Schlimmes daran. Ich darf raus auf die Wiese laufen, und mich einfach an jedem Grashalm freuen. Ich darf mich jedoch auch den ganzen Tag im Bett verkriechen wenn es mir wieder einmal nicht so toll geht. Ich habe die Freiheit gewonnen. Sie kam in ihrer eigenen Erkenntnis zu mir.

Tage, Wochen, und Monate am Anfang meines Bewusstseins der Persönlichkeitsstörung rannte ich immer und immer wieder gegen Mauern. Zwischenmenschliche waren es seltener, ich suchte mir meist die richtigen aus Stein und Beton aus. Es war eine irre schwere Zeit den Faden in den wirren Knäuel zu finden der, der Anfang des eigenen Verstehens zu finden. Viel Blut und Tränen sind geflossen. Doch dann musste ich mit eigenen Augen und mit eigenem Befinden feststellen wie es sich bei einem selbst anfühlt mit anderen, gleich Kranken zusammen zu sein. So wollte ich nicht sein. So habe ich mich auf die Therapie eingelassen. Ich saugte alles auf wie ein Schwamm, nur nicht so unzulänglich zu bleiben so ungerecht zu der Welt. Die können doch alle nichts dafür.

Ich will es einmal in einem Beispiel erzählen. Als Kleinkind bekam ich niemals Elefanten-Lauf-Lern-schuhe. So schaute ich bei anderen wie sie das machen und habe so über 40 Jahre nie das passende paar Schuhe um im Leben richtig zu gehen gefunden. Immer zog ich mir die Schuhe anderer Leute an und stolperte prompt immer und immer wieder damit. Oft viel ich auf den Hintern und öfter voll aufs Gesicht. Doch immer wieder stand ich auf, mit einem Lachen im Gesicht, damit niemand meine inneren Schmerzen sah. Doch das verhärtete mich immer mehr, schon zu Kindertagen. So züchtete ich mir meine Persön-lichkeitsstörung mir selbst hoch. Doch welches Kind weiß denn das schon? Welcher Erwachsene? Man selbst spürt nur, ich bin anders als alle anderen. Will kein Mitleid, will Liebe! Doch ertragen kann man die Liebe nicht. Immer wieder kommt es in einem selbst tief innen zum Streit weil zu viel Nähe da ist. Wenn man liebt, oder auch nur wenn man sich dem Leben stellt, kommen immer wieder Verletzungen vor. Also schützt man sich davor, indem man keine Nähe mehr zulässt. Irgendwann hat man verlernt Nähe zuzulassen. Als Kleinkind bekam man sie nicht, es konnte somit kein Urvertrauen aufgebaut werden. Wie soll man dann später wissen wie man Vertraut? Man kann sich nicht mal selbst mehr Vertrauen. Sich selbst gegenüber steigt das eigene Misstrauen in sich und seine eigenen Taten. Doch ohne fremde Hilfe, ohne professionelle Hilfe, sieht man das nicht ein. Kann das nicht einmal sehen, geschweige denn zugeben. Doch wenn man einmal erkannt hat wie das auf andere wirkt, und wenn man seine eigene innere Einsamkeit nicht mehr ertragen kann, dann besteht die Hoffnung auf Besserung. Ich wollte nicht mehr Sklave meiner Krankheit sein. Ich habe meine Krankheit akzeptiert. Nicht wie ein lästiges Übel! Nein! Ich habe mich sehr lange mit ihr auseinander gesetzt und eingesehen, sie nur anzunehmen ist falsch. Man muss sie vollkommen akzeptieren. Nein sie ist nicht wie ein Kleidungsstück. Kleidung legt man an oder ab. Diese Krankheit ist eine der vielen Schichten deiner Haut. Du kannst sie nicht ablegen. Du lebst sie tagtäglich. Sie gehört zu dir wie deine Augen, Arme, Nase und Ohren.

Oft habe ich ein Buch angefangen zu lesen, kam damit nicht weiter, weil mein nicht entwickeltes Ich es nicht begreifen konnte. So kam ein Buch zum anderen. Aus jedem konnte ich neues lernen. Lernen was ich als Kind nicht automatisch mitbekommen habe. Mit 40 konnte ich anfangen das Leben zu lernen. Doch ich musste immer wieder feststellen, dass ein Vorfall eintritt. Richtig, es ist kein Rückfall, auch das musste ich erst lernen, es ist ein Vorfall. Wenn mir das bewusst ist, kann ich es ändern. Denn wenn es ein Rückfall wäre, käme ich nicht mehr aus der Spirale in die Dunkelheit heraus. Sicher kommt es immer wieder vor dass ich stolpere. Doch dann schaue ich mir meine Schuhe genau an. Sind es denn deine? Passen die auch? Wie oft stelle ich dann wieder fest, es ist nicht meins, ich werde schon wieder gelebt. Dabei will ich doch selber leben. Mich selbst leben, mich nicht von anderen leben lassen. Sicher einiges muss man leider achten und beachten. Doch in meinem Inneren in meiner Seele darf ich frei sein. Muss mich nicht unter Kleidung verstecken. Darf ehrlich, auch schockierend ehrlich sein, muss es sogar. Denn bin ich nicht authentisch, bekomme ich wieder einen Vorfall. Dann muss ich mich wieder schneiden, muss mein Blut rinnen sehen, die Wärme spüren um zu wissen dass ich noch fühlen kann und lebe.

Als sich die Vorfälle häuften, habe ich mir das Buch von Peter Lauster geholt, ich war begeistert. Doch ich hatte es gelesen und festgestellt, ich habe nichts davon begriffen. Konnte keine Hinweisschilder auf dem Weg ins Leben finden. Habe es nochmals gelesen und stand vor dem gleichen Problem. Bis ich dann einmal mit einem Bekannten darüber geredet habe. Dieser sagte zu mir hol dir erst die Bücher „miteinander reden 1-3" von Schulz von Thun. Arbeite diese durch und du wirst feststellen, du kannst in Zukunft Bücher lesen und sie sofort begreifen. Es ist wie mit den verschiedenen Ohren die verschieden hören. So funktioniert das Denken und Lesen genauso. Es war wie eine Offenbarung. Denn plötzlich konnte ich das Buch verstehen. Sicher hab ich mir vieles raus geschrieben, um mir über die verschiedenen Kapitel tagelang meine Gedanken zu machen. Jetzt nachdem ich das Buch durchhabe, einige würden sagen, Inhaliert, habe ich sehr vieles für mich darin gefunden. Es ist herrlich seine Freiheit zu spüren. Seit ich auch meine Freiheit lebe, habe ich sehr schnell festgestellt wie Recht Peter Lauster hatte. Es gibt so vieles Böses.

Täglich könnte ich weinen, wie doch meine lieben Mitmenschen doch so böse mit der Natur umgehen. Dabei können wir doch am besten durch und mit der Natur lernen. Jeden Tag schöpfe ich meine Kraft für den Tag aus der Natur. Die frische Luft, morgens wenn ich gegen 4 Uhr meine erste Runde drehe um den Tag zu begrüßen. Freut es mich richtig im Herzen wenn die Vögel singen, die Blätter der Bäume mir ihre Geschichten erzählen. Ich kann in mir spüren wie sich mein Körper öffnet für die Gerüche, die Stimmen der Natur. Wenn mir der Morgenwind die Wange streichelt um mich zu begrüßen. Es gibt mir das Gefühl ich bin willkommen auf der Welt. Früher war ich einsam in einer Welt voller Menschen. Heute bin ich zwar immer noch allein, jedoch nicht einsam. Heute kann ich mich auch mit mir allein beschäftigen. Kann meinen Geist schulen und meine Seele pflegen. Muss mich nicht mehr mit Arbeit zudecken, nur um beschäftigt zu sein. Um die Angst nicht zu spüren. Die Angst vor der Angst, was bringt der Tag. Diese lähmende Angst. Ich habe mich ihr gestellt. Habe mir gesagt, komm her Angst wenn du willst. Ich darf Angst haben. Wenn ich das weiß, ist es nicht mehr schlimm. Auch die Angst selbst vor der Situation wird weniger. Sie lässt sich einfach besser Händeln. Ich werde immer Ängste und Angst haben. Doch sie bringt mich nicht mehr um. Sie kostet mich hin und wieder eine Nacht schlaf. Und sollte mich die Angst im Würge-Griff haben, habe ich heute das notwendige Material um sie in Schach zu halten. Um die Angst in ihre Schranken verweisen zu können. Ich muss nicht mehr grübeln und mich verrückt machen. Habe mir eine Grübelkiste gebastelt. Heute kann ich diese quälenden Gedanken niederschreiben. Meist ist es dann schon besser. Doch gibt es auch Momente wo das allein nicht hilft. Dann drucke ich es aus. Falte es zusammen, schreib den Inhalt in 3 Worten darauf, lege es in die Kiste. Wenn dann mein Geist und meine Seele bereit zu dieser Konfrontation sind, kann ich es herausholen und aufarbeiten. Oh, so gibt es nicht nur die Grübelkiste, es gibt auch eine Kiste der Freude und der Traurigkeit. Es ist schlimm wenn einen die Trauer überkommt. Die Trauer um vermeintlich verpasstes. Die Trauer der Nichtmöglichkeit einer Aussprache. Ich musste das oft erfahren. Die unsinnigen Schmerzen die ich ungewollt anderen zugefügt hatte an Menschen die es heute leider nicht mehr gibt. Mit vielen davon habe ich meinen Frieden geschlossen. Habe mich hingesetzt und von Hand

Briefe geschrieben. Mich entschuldigt sogut es ging. Für mich und meine Seele aufgeräumt. So kann es mich nicht mehr belasten und erdrücken.

Mein Doc hat diese Woche beim Termin gemeint, er findet es toll dass ich so über mich reden kann und meine Krankheit. Da musste ich ihm sagen es geht nicht anders. Nur so kann ich kompatibel mit der Krankheit leben. Ich habe sie voll als mir zugehörig akzeptiert. Lebe im Jetzt und Heute. Nicht im Morgen oder schlimmer im Vorgestern. Das Gestern ist vorbei, das kann nicht mehr geändert werden. Doch warum soll ich mir heute Gedanken um Morgen machen? Weiß ich denn heute was Morgen kommt? Ich kann es nicht wissen und nicht steuern. So bleibt mir nichts anderes übrig als das Heute zu leben. Sicher kommt es vor, dass mich das Morgen ängstigt und quält. Doch dann kann ich zum Doc, kann ihm das sagen, denn da hilft nur schreiben nicht. Er holt mich dann wieder in das Hier und Heute. Hilft mir die Angst in Grenzen zu halten.

Es ist meine Freiheit, die ich habe, dass ich Angst haben darf ohne verrückt zu werden. Ich darf das. Es steht auch mir zu. Sowie ich auch wütend oder zornig werden darf. Denn, ich habe, meine eigene Meinung auch meinen eigenen Schutz. Obwohl ich die Krankheit im Griff habe und nicht anders herum, muss ich doch immer wieder aufpassen um nicht verbal ins Klo zu fallen und persönlich anzugreifen. Meine Sachlichkeit, daran muss man täglich arbeiten.

Es ist wichtig, sehr wichtig um die alten Verhaltensmuster die leider für Jahre ins Hirn graviert wurden, wieder zu löschen. Es ist eine tägliche Herausforderung sich selbst zu stellen. Auch sich in den Hintern zu treten, um aus dem Hause zu gehen oder tägliche Arbeiten zu erledigen. Man darf nicht alles immer auf seine Krankheit schieben und so entschuldigen. Es gibt keine Entschuldigung für schlechtes Benehmen. Auch als Borderliner kann man sich zusammenreisen. Natürlich nur wenn man auch Interesse am Leben und der eigenen Freiheit hat. Leider musste ich auch Menschen kennen lernen, die mit mir in der Therapie waren, die mit Freuden mitgearbeitet haben. Jedoch nicht um die alten Verhaltensmuster auszumerzen, sondern um sie genau zu lernen. Damit man sie immer wieder einsetzen kann. Das ist eine Ungeheuerlichkeit, und nimmt Kranken die Chance auf ein erträgliches mit-sich-sein, da sie die wenigen begehrten Plätze belegen.

Man sollte jedoch so erwachsen sein, um an sich arbeiten zu wollen. Sinnlose Gewalt gegen sich in den Griff zu bekommen. Ich will doch nicht immer noch mehr Narben auf der Haut mit mir herum tragen. Sicher leuchten mich in schwachen Stunden meine Adern an. Sie locken, sie betteln – bitte öffne mich – lass mich bluten. Lass mich dir deine eigene Wärme zeigen. Sieh hin du bist am Leben. Doch was bringt mir das? Nichts, absolut nichts. Nur Schmerzen im Nachhinein. Und dann wird während der Heilphase die Sucht nach neuem Blut immer stärker. Man muss

192

sich zusammenreißen. Tägliche Schwerstarbeit mit sich ist das. Doch sie macht auch Freude. Man sieht den eigenen Fortschritt. Man sieht die eigene Freiheit die einem als Lohn winkt. Wer will denn in Fesseln und Knebeln leben? Ich nicht! Was bleibt dann? Die eigene Unzulänglichkeit bekämpfen. Nicht immer mit dem nötigen Ernst. Es darf auch dabei gelacht und gescherzt werden. Jeder Schritt weiter bringt wieder Lebensfreude, bringt Farbe ins Spiel. Welch ein Fortschritt, wenn man die Läden an den Fenstern wieder öffnen kann. Wenn man nicht in Angst erstarrt bei einem guten Tag unterwegs. Wenn man das herrliche Blau am Himmel zum ersten mal wieder richtig registriert. Wenn einem vor Freude die Tränen rinnen bei dem Schauspiel der Sonne ob am Morgen oder Abend. Welche Freude wenn man sich nicht mehr von einem Tag über eine schlaflose Nacht zum nächsten Tag retten muss. Wenn die Tage sich als kleine Freude aneinander reihen.

So ein herrliches Erlebnis hatte ich heute Morgen. Als ich von meinem Gang durch die Straßen nach Hause kam, ging gerade die Sonne auf. Ich konnte nur staunen. Es war solch ein erhebendes Gefühl. Die ersten Strahlen auf dem Gesicht spüren. Zu sehen wie sich der dunkle Himmel sich in hellere Farben wandelt. Das dunkle Lila wird zum Rot, dann zum leuchtenden Orange bevor sie hell leuchtend ihre Wärme verströmt. Das schwarzblau der Nacht wird zum hellen strahlenden hellblau. Es wird Licht, nicht nur am Himmel, die Strahlen, sie erreichen dich dann auch tief in dir. Die Natur und du sind eins. Du spürst den Ursprung deines Seins. So kann der Tag dir nur Gutes bringen.

Oft erzähle ich dann in einem Brief an meinen Pa was ich so alles gesehen habe und wie ich mich dabei gespürt und angefühlt habe. Sicher weiß ich er kann es nicht mehr lesen, real. Doch denke ich immer er sieht mir zwischendurch über die Schulter und liest einfach mit. Der Wind trägt dann seine Antwort zu mir. Mit jedem Sonnenstrahl schickt er einen Kuss zu mir. Das ist es was mich aufrecht hält.

Jeden Tag auch aufs Neue spüren, die eigene Freiheit. Ohne oder doch mit einer erträglichen Spannung zu leben. Gelassenheit wird zum Freund. Die Aggression tritt in den Hintergrund. Du kannst offen frei und ruhig in den Tag sehen. Die Gelassenheit, die dir deine Freiheit schenkt, lässt dich vieles leichter ertragen, bewältigen und sehen. Die Gelassenheit, die eigene innere Freiheit macht dich leichter, lässt dich aufrechter gehen. Stärkt dir den Rücken mit zusätzlichen Muskeln. Deine eigene körperliche Kraft wächst. Du kannst mit erhobenem Haupt durch die Straßen gehen. Brauchst dich vor niemandem mehr verstecken, denn keiner kann dir wehtun. Außer du lässt es selbst zu. Doch dann forsche in dir nach. Höre mit allen deinen Ohren. Höre zwischen den Wörtern, spüre ihnen nach. Und wenn du das nicht kannst, Frage nach. Frage nach wie es gemeint war. Besser einmal mehr gefragt als unnütz verletzt sich den Tag verderben lassen. Vielleicht hat dein Gegenüber nur den Kopf gesteckt voll. Vielleicht hat es überhaupt nichts mit dir zu tun, dass dein Gegenüber unwirsch oder ablehnend reagiert. Frage nach in dir und auch weiter. Lass nicht zu dass deine negativen Erlebnisse dir den Tag die Stunde die Minute verderben. Geh mit einem Lächeln aus dem Haus. Verschenke dein Lächeln, es kostet dich nichts. Es ist ein Geschenk an den Tag. Vertraue dir, deiner inneren Freiheit, sie stärkt dich täglich neu. So kannst du jede Situation meistern. Mit jedem Tag wirst du stärker, du wächst in dir weiter. Zieh nicht deine Schultern ein, sie machen dich klein. Lümmel dich nicht in einen Sessel oder Stuhl. Bleib aufrecht! So kommt deine positive Kraft in Fluss. Unterdrücke sie nicht, indem du dich klein machst. Du darfst immer du sein. Oft muss ich mir das selbst erzählen. Je öfter ich mir das sage, desto wahrer wird es. Ich muss mich nicht mehr dazu auffordern, es wird normal. Du gewinnst dadurch nur. Ich weiß es ist mehr als schwer zu diesem Punkt der eigenen Freiheit zu kommen. Es hat mich irre viele Tränen, Verzweiflung und Not gekostet. Wie viele mal habe ich mich selbst in die Psychiatrie eingewiesen weil ich nicht mehr weiter konnte. Alles stagnierte, ich dachte oft jetzt kann ich nur noch einen Schritt zurück machen, wie oft sagte mir mein kleiner fieser Schweinehund tief in mir. Sieh du schaffst es nicht. Geh zurück, geh einen Schritt zurück, du kennst es, es wird leichter, einfacher. Du kennst das Muster. Lass dich fallen. Doch das ist nicht Sinn des Ganzen. Bleib stark. Wenn das kleine Ungeheuer in dir dich quält, dich in Versuchung führt, schick ihn weg. Ich habe meinem kleinen inneren Schweinehund einen Namen gegeben. Oh. Immer wieder rede ich auch mit ihm. Schick ihn in die Ecke oder lasse ihn auf die Wohnung aufpassen, während ich draußen in der Natur laufe. Gib ihm Arbeit. Lass ihn für dich arbeiten. Lass nicht zu dass er dir Arbeit gibt. Du bist der Chef von dir nicht das kleine lästige Ungeheuer. Nimm doch den steinigen Weg. Weißt du welche Kraft, welche Freude dir die Bewältigung beschert? Lerne neues Kennen. Lerne dich neu kennen. Denn nur so kann man die alten Muster ausradieren, löschen, und neue anlegen. Neue Muster. Doch es ist schwer, vieles alte lockt. Doch denke daran, wir wollen die Freiheit, den eigenen Willen. Und ich weiß, wir können alles schaffen was wir wollen. Nur wollen müssen wir.

Man bot mir Hilfe an. Ich wollte sie eigentlich nicht. Ich war doch OK so. Dann sagte man mir, was schadet es? Versuch es doch. Überzeug mich vom Gegenteil. So kam ich in meine Therapie. Und ich konnte nach einiger Zeit einsehen dass es mir nur hilft und gut tut. Wenn du keinen Boden mehr unter den Füßen hast, nimmst du jede Hand die sich dir entgegenstreckt. Ich habe gelernt mir ein kleines jedoch verlässliches und stets bereites Netzwerk aufzubauen. Es gibt immer jemand der dir helfen kann und will. Du musst wollen, die Hilfe annehmen können. Wenn du nicht willst, siehst du die Hände nicht die sich dir entgegen strecken. Fülle deinen Notfallkoffer. Vergiss nichts. Schreibe dir auf was du alles brauchst wenn du in Not bist. Was hilft dir da wieder raus. Was sind deine eigenen Skills, deine Fähigkeiten. Reicht es wenn du Zählst? Jedes aus- oder einatmen. Hilft dir das Hören mehr? Oder ist es das Sehen, das Riechen? Verlass in Gedanken erst mal die Situation und besinne dich auf deine Skills. Nimm sie dir, keiner sieht oder bemerkt etwas, nimm sie dir frühzeitig, bevor du in große Bedrängnis kommst. Hilft dir das nicht, verlasse für kurze Zeit auch körperlich die Situation. Doch geh ihr nicht aus dem Weg, stelle dich ihr, so stärkst du dich und deine Freiheit. Du bist Frei, du kannst jederzeit wenn es zu schlimm wird die Situation verlassen, doch versuch sie einmal auszuhalten. Es stärkt ungemein. Nein falle nicht zurück in die Gewalt gegen dich. Es gibt Mittel und Wege die dich ins Jetzt zurückbringen. Hast du einen kleinen runden Stein in der Tasche, oder eine Murmel? Ich habe eine Murmel, eine strahlend Blaue. Wenn mir etwas viel wird. Dann kann ich sie immer auf meinem Bein mit festem Druck hin und her rollen. Ich muss mich nicht schneiden. Der Druck reicht, er sagt mir STOP wir bleiben im Jetzt und Hier und fallen nicht zurück. Und plötzlich geht es wieder. Mit jeder ausgehaltenen und ausgestandenen Situation geht es besser. Kannst du das nicht allein, nimm jemanden mit. Eine Freundin, einen Freund, hast du das nicht, geh zum Amt, lass dir einen Beistand geben. Denk daran es steht dir zu. Fordere deine Hilfe ein wenn du sie brauchst. Denke daran nur redenden Menschen kann geholfen werden. Es bringt nichts wenn du sagst alles, jeder, und überhaupt die ganze Welt ist nur fies und gemein. Sie sind es nicht. Doch wir haben und so in uns verkapselt in unserem eigenen Film und Leid. Keiner hat 40 Jahre lang mitbekommen wie schlecht es mir eigentlich ging. Keiner, ich konnte es nicht zulassen. Nur keine Schwäche zeigen, sie könnte gegen dich verwendet werden. Glaub mir ich kenn die Gedanken. Sie hatten mich auch 40 Jahre in ihrer Gewalt. Doch ich will keine Gewalt mehr. Weder in mir, noch mit mir, noch an mir. Ich lasse Gewalt nicht mehr zu. Gewalt ist ein Tabu geworden wie 2 Wörter aus unserem Wortschatz. Das eine ist „aber", diese kleine hinterhältige Wort. Immer will es gleich etwas in abrede stellen. Immer Gegenworte geben. Aber ist ein absolutes Unwort und kommt in meinem Wortschatz nicht mehr bewusst vor. Das andere Wort „eigentlich" was ist eigentlich? Peter Lauster hat es genial erklärt: Wenn jemand „eigentlich" sagt, dann gibt es ein Problem. Und wer will den schon Probleme haben? Du, ich, wir haben doch unsere Meinung, also es gibt ein entweder oder. Jedoch kein „eigentlich". Ich weiß du sagst jetzt, was labbert die da? Wenn das nur so einfach wäre. Es ist nichts einfach im Leben. Jeder Tag ist aufs Neue eine Herausforderung. Auch kommt es dir wohl eigenartig vor, die spricht so frisch und frei von Gelassenheit. Doch lass dir gesagt sein. Es war und ist nicht einfach. Es ist schwerst Arbeit an sich selbst. Mit viel Frust und noch mehr Verzweiflung an dir selbst. Doch jeden Zweifel den du in dir über dich ausgeräumt hast, je stärker und freier wirst du selbst sein. Leichter gesagt als getan. Da gebe ich Recht, vollständig.

198

Wie viele Stunden, Wochen, und wie viele innere Qual erleidest du noch bis dahin? Beweg deinen Hintern, habe ich mir immer gesagt. Jeden Tag musste ich mir das Predigen. Meine Wohnung sah aus, und sieht manchmal wieder so aus, wie eine riesige Pinnwand. Überall hefteten meine Zettel der Aufmunterung. Meine Anweisungen die ich für mich zusammengestellt hatte. Es ging auch nur unter einem strengen geregelten Tag. Überall hingen Fragen über Fragen, vom alltäglichen bis zur Meditation. Bis ich wieder einen geregelten Tagesablauf hatte. Kommt heute etwas unerwartetes, kann ich mich immer am Gerüst meines Tages halten. Früher war der Tag gegessen wenn ich nur mal den Wecker nicht gehört hatte und war vielleicht 15 Minuten zu spät dran. Was bei mir nichts ausmachen würde, da ich immer 2 Stunden zu früh aufstehe. Doch einmal „verschlafen" und ich war sofort auf der höchsten Spannung. War wütend, sauer. Setzte mich dermaßen unter Druck, dass der Tag nur daneben gehen konnte. Oft musste ich mich dann sogar Krank melden in der Firma, weil ich eine reine Zumutung für die Umwelt war. Da musste ich mich selbst bestrafen. Sei mal einen Tag auf dich selbst sauer. Heute würde mir das schwer fallen, früher war es Normalität mit mir wütend und sauer zu sein. Wie lieblos bin ich nur mit mir umgegangen. Mit welcher Nichtachtung habe ich mich nur gestraft. Da ist es klar gewesen, dass ich mich nicht möchte. Wer mag denn schon so eine Chaotin? Wie soll man denn von anderen Menschen Achtung bekommen, wenn man sich selbst nicht einmal achtet? Glaube mir du strahlst es in jeder Pore von dir aus. Nicht die anderen Menschen wollen dir böses, du tust dir selbst böses an. Ändere dich, nicht für mich, nicht für andere, rein wirklich nur für dich. Nur du profitierst davon. Nur dir geht es besser damit.

Es ist nicht einfach, doch versuche einmal dich hinzusetzen und nichts zu denken. Denken zieht dich nur in eine Spirale. Die Spirale ist unendlich, sie hört nie auf wenn du sie nicht selbst unterbrichst. Du schaffst das nicht allein, fordere Hilfe ein. Rede. Oberstes Gebot ist Rede, setz dein Recht durch. Nicht mit Drohungen und Gewalt. Doch mach dich verständlich. Halte nicht mit deinen Ängsten und Sorgen hinter dem Berg. Geh zu einem Psychiater, geh gleich dahin. Erzähl ihm was dich quält und reizt. Er kann dir helfen. Wenn dich eine Fachkraft fragt wie es dir geht, komme nicht mit „gut" oder „geht so". Damit kann niemand etwas anfangen, man muss wissen was dich drückt um dir helfen zu können.

Also versuche dich mit Aufmerksamkeit auf dich einzulassen. Die Eigene Aufmerksamkeit dir selbst gegenüber hilft dir am meisten. Sie ist nicht schwer. Ich habe mit Kleinigkeiten angefangen. Habe mich auf meinen Geschmack verlassen. Aufmerksam habe ich als erstes eine Banane mit Messer und Gabel gegessen. Bewusstes Essen. Jeden Geschmacksknospen im Mund nachgespürt. So ging es dann immer weiter. Täglich ein wenig mehr Übungen in der KBT.

Die Konzentrative Bewegungstherapie [Die Konzentrative Bewegungstherapie (KBT) ist eine eigenständige körperorientierte psychotherapeutische Methode. Sie beruht auf der Annahme, dass sich Wahrnehmung aus Sinnesempfindung und Erfahrung zusammensetzt. Darauf aufbauend geht die KBT den Weg der bewussten Körperwahrnehmung im Hier und Jetzt, wobei die individuelle Lebens- und Lerngeschichte mit berücksichtigt wird. Gesunde Anteile, aber auch Störungen, werden erleb- und verstehbar und somit der psychotherapeutischen Bearbeitung zugänglich.

Das Vorgehen der KBT wird bestimmt durch den Weg vom Wahrnehmen zum Vergleichen, Ausprobieren, Wählen, Entscheiden, Verändern und schließlich Handeln. Die therapeutische Arbeit besteht aus Bewegungsangeboten und Gesprächsteilen. Die Handlungsteile dienen der Wahrnehmung und Erprobung, die Gesprächsanteile der Reflexion des Erlebten. So können - im Schutz des therapeutischen Rahmens - Vergangenes wiederbelebt, die Verarbeitung neuer Wege erprobt und festgefahrene Verhaltensmuster korrigiert werden. Der Patient soll sich möglichst frei bewegen. Der Therapeut gibt lediglich bestimmte Elemente vor, beispielsweise Übungen mit einem Seil oder einem Ball. D.h. die KBT motiviert den Patienten zur Auseinandersetzung mit sich selbst und mit anderen. Quelle: http://www.traumatherapie.de/database/therapies/kbt.html] war für mich sehr wichtig. In der KBT, habe ich gelernt Verantwortung abzugeben, mich, meinen Körper neu zu erleben und zu spüren. In Trainingseinheiten habe ich gelernt wieder Nähe zu spüren und dies auch Zuzulassen.

Es war für mich ein pures Glück, dass ich in das DBT-Programm aufgenommen werden konnte [Quelle: http://de.wikipedia.org/wiki/Dialektisch-behaviorale Therapie].
Dort habe ich mich selbst kennen gelernt. Dies war die Change meines Lebens. Es war die schwerste Zeit meines Lebens. Doch ich habe es geschafft. Trotzdem muss ich auf der Hut sein und täglich an mir arbeiten. Täglich schreibe ich mir meine Verhaltens-Analysen die mir aufzeigen was nicht so toll mit mir selbst gelaufen ist. Am Anfang dachte ich es wäre Schikane des Personals. Doch schnell habe ich bemerkt, wenn ich über mich und mein Verhalten nachdenke, komme ich besser mit mir zurecht und ich kann Fehl-Verhalten schon im Keim ändern. Auch ist es wichtig seine eigene Spannungskurve immer und überall im Blick zu haben. Wie oft habe ich dies vergessen. Plötzlich war ich wieder ganz, ganz oben. Bin daher vollständig ausgerastet und konnte es mir nicht erklären wieso dies so gewesen ist.

Seit ich weiß, dass diese Sachen sich einschleichen in der Gewohnheit des Tages, habe ich mir einen festen Stundenplan ein-gerichtet. Alle paar Stunden stelle ich schriftlich fest wie meine Stresskurve ist, wie hoch mein Stresslevel in Wirklichkeit ist. Auch schreibe ich täglich meine Verhaltensanalysen, eine mindestens am Tag jedoch wenn irgendein Vorfall gewesen ist, können es auch mehrere werden. Auch sollte man seine eigene Realitätsüberprüfung immer zur Hand haben. Im Anschluss werde ich alle 3 Übungen anfügen, damit man sich dies immer abschreiben kann und es als eine kleine Hilfestellung nehmen kann, wenn man es bis dahin nicht wusste.

Zitat von Nelson Mandela

Unsere tief greifende Angst ist nicht, dass wir ungenügend sind. Unsere tief greifende Angst ist, über das Messbare hinaus kraftvoll zu sein. Es ist unser Licht, nicht unsere Dunkelheit, die uns am meisten Angst macht.

Wir fragen, uns, wer bin ich, mich brillant, großartig, talentiert, phantastisch zu nennen? Aber wer bist du, dich nicht so zu nennen? Du bist ein Kind Gottes.

Dich selbst klein zu halten, dient nicht der Welt. Es ist nichts Erleuchtendes daran, sich so klein zu machen, dass andere um dich herum sich nicht unsicher fühlen. Wir sind alle bestimmt zu leuchten, wie es Kinder tun.

Wir sind geboren worden, um den Glanz Gottes, der in uns ist, zu manifestieren. Er ist nicht nur in einigen von uns, er ist in jedem einzelnen.

Und wenn wir unser eigenes Licht erscheinen lassen, geben wir unbewusst anderen Menschen die Erlaubnis, dasselbe zu tun. Wenn wir von unserer eigenen Angst befreit sind, befreit unsere Gegenwart automatisch andere.

Aufgaben und Ausarbeitungen in der Therapie

Die Realitätsüberprüfung

Im Kontakt mit Personen

Habe ich etwas Falsches gemacht? - als offene Frage
Was ist wirklich passiert?
Möchte ich nochmals nachfragen „Warum"? - bei
einer Spannung unter 70%!!!
Vorher die Spannung regulieren!!!
Was wurde wirklich gesagt?
Welches Gefühl hatte ich vorher/nachher?
Wie ist meine Stimmung heute?
Welche Stressoren/Anfälligkeitsfaktoren hatte ich
heute schon?
Wie hat die Person geschaut? - Mimik/Gestik
Wie war der Tonfall der Unterhaltung?
Wie habe ich mich Verhalten?
Wie habe ich gefragt?
Gefühle - Filtern !!! - die eigenen Gefühle nicht
ungefiltert ernst nehmen

Die Verhaltens-Analyse

Problemverhalten:

Beschreiben Sie bitte Ihr Problemverhalten im Detail.
Was taten Sie?
Wo?
Wer außer ihnen war involviert?

Was geschah mit den Gegenständen die Sie zur Tat verwendeten?
Beschreiben Sie Ihr Problemverhalten so genau, dass eine Schauspielerin in einem Theaterstück/Film es nachspielen könnte.

Vorausgehende Bedingungen:

Welches Ereignis ging dem Beginn des Problemverhaltens voraus?
Was taten, dachten, fühlten oder stellten Sie sich vor, bevor das Problemverhalten begann?
Welche Körperempfindungen nahmen Sie wahr?
Wann begann das Problemverhalten?
Was von dem Vorhergegangen war Ihrer Meinung nach das wichtigste?

Anfälligkeitsfaktoren:

Welche Faktoren machten Sie anfällig für das Problemverhalten?

Berücksichtigen Sie folgende Aspekte:
Gestörtes Essen oder Schlafen, Verletzungen, körperliche Erkrankung, gebrauch von Alkohol/Drogen, Missbrauch von Medikamenten, stressreiche Ereignisse in Ihrer Umgebung, intensive Gefühle, eigenes, vorausgegangenes Verhalten, das Sie belastend fanden.

Konsequenzen:

Identifizieren Sie alles, was als Konsequenz aus Ihrem Problemverhalten folgte. Dies bei-haltet Ihre eigenen Gefühle, Gedanken, Körpersymptome und Ihr Verhalten.
Wie was dies direkt nach dem Problemverhalten und wie später?
Wie haben andere Personen unmittelbar und mit Verzögerung reagiert?
Welche Wirkung hatte Ihr Verhalten auf Ihre Umgebung?
Welche Folgen hatte Ihr Verhalten für Sie selbst und für andere Personen?

Lösungsanalyse:

Gehen Sie noch einmal Ihre Verhaltensanalyse durch. Identifizieren Sie Punkte, wo Sie, falls Sie anders gehandelt hätten, das Problemverhalten hätten umgehen können.

Welche Fertigkeiten oder welches Bewältigungsverhalten hatten Sie anwenden können oder können Sie nächstes Mal gebrauchen?

Was hat dieses Mal den Gebrauch der Fertigkeiten verhindert?

Welche Art von Konsequenzen auf das Problemverhalten würde Ihnen helfen, das Verhalten zukünftig unter Kontrolle zu bringen?

Präventionsstrategien:

Wie hätten Sie Ihre Anfälligkeit für das Problemverhalten verringern können?

Was können Sie in Zukunft berücksichtigen, um Ihre Anfälligkeit zu verringern?

Wiedergutmachung:

Welche Möglichkeiten der Wiedergutmachung haben Sie?

Ab wann brauche ich Skills?

Ab ca. 50% < bis max. 70% brauche ich Skills damit ich nicht in die Dissoziation komme.

Woran merke ich dass ich auf/über eine Spannung von 70% komme?

Zorn - unberechtigter
Gereiztheit - je nach Stressoren am Tag bisher
Durchfall
Übelkeit
Kopfschmerzen
Zittern
Wut

Wie kann ich meine Stresskurve regulieren?

Wenn ich meine Stresskurve mehrmals täglich (ca. alle 2 Std.) Kontrolliere.
Wenn ich meine Stressoren alle ca. 2 Std. aufschreibe.
z.B.

Schlecht geschlafen
Sorgen
Schmerzen
Etwas nicht so klappt wie man möchte
Eine Situation am Abend vorher nicht geregelt wurde und sie dadurch noch belastet
Angst - vor oder um etwas

Wenn ich dies alles Beachte, kann ich den Zeitpunkt zur Umkehr rechtzeitig noch bemerken und meine Skills anwenden.

Anteile zwischenmenschlichen Verhaltens

In jeder zwischenmenschlichen Situation besteht mein Verhalten immer aus drei verschiedenen Anteilen:

Orientierung auf das Ziel:

Welche Ergebnisse oder Veränderungen erhoffe ich
mit von einem Gespräch?
Was muss ich tun, um meine Ziele zu erreichen?
Was wird gelingen?

Orientierung auf die Beziehung:

Wie soll die andere Person mit gegenüber empfinden,
wenn die Begegnung vorüber ist?
Was habe ich zu tun, um diese Beziehung aufzubauen
oder aufrecht zu erhalten?
Was wird gelingen?

Orientierung auf die Selbstachtung:

Wie möchte ich mich fühlen, wenn die Begegnung mit
dem Menschen vorüber ist?
Was habe ich zu tun, um mich so zu fühlen?
Was wird gelingen?

**Ich muss in jeder zwischenmenschlichen
Situation entscheiden, welcher Anteil mir am
wichtigsten ist und muss Prioritäten setzen.**

Mein Ziel: = %
Meine Beziehung: = %
Meine Selbstachtung: = %

Mangel an Fertigkeiten:

Sie wissen im Moment nicht, was zu sagen ist.
Sie wissen nicht, wie Sie sich verhalten sollen.
Sie wissen nicht, was wirksam ist.

Störende Gedanken:

Sie haben die Fähigkeit, aber Ihre störenden Gedanken hindern Sie daran, das zu tun oder das zu sagen, was Sie möchten.

Sie machen sich Sorgen wegen negativer Konsequenzen. Z.B.: Sie werden mich nicht mögen, Sie wird denken, dass ich dumm bin.

Sie sorgen sich, nicht effektiv zu sein, Sie klagen sich selbst an. Z.B.: Ich werde es nicht richtig machen, Ich werde mich lächerlich machen.

Beeinträchtigende Gefühle:

Sie haben die Kompetenz, aber Ihre Gefühle hindern Sie daran, das zu tun oder das zu sagen, was Sie möchten.

Unentschlossenheit:

210

Sie können sich nicht entscheiden, was zu tun ist oder was Sie wirklich wollen.

Sie haben die Fähigkeit, aber Ihre Unentschlossenheit hindert Sie daran, das zu tun oder das zu sagen, was Sie möchten.

Sie sind sich unsicher über die richtige Balance:

Entweder zu viel fragen oder gar nicht fragen
Entweder zu allem nein sagen oder allem zustimmen

Umfeld:

Manche Umstände machen es sogar für eine sehr kompetente Person unmöglich, effektiv zu sein.

Zwischenmenschliche Fertigkeiten

Welche Fertigkeiten gibt es?

Streiten
Mit Kritik umgehen können
Mit Lob umgehen können
Sich Entschuldigen können
Fehler eingestehen
Schwächen eingestehen
Nähe/Distanz regeln
Balance zwischen Kontakt & Rückzug

Abschiede aushalten können
Enttäuschungen aushalten können
Seine Interessen durchsetzen „Normal"!!!

Welche Fertigkeiten möchte ich gerne erlernen, mir zu eigen machen?

Mit Kritik & Lob umgehen können
Schwächen eingestehen
Nähe/Distanzregelung
Kontakt/Rückzugsbalance
Mit Enttäuschungen richtig umgehen
Meine Interessen richtig! durchsetzten

Mit welchen Fertigkeiten kann ich „nix anfangen", sollte es aber?

Mit Kritik & Lob umgehen
Nähe/Distanzregelung
Mit Enttäuschungen richtig umgehen
Meine Interessen richtig! durchsetzten

Warum haben wir Gefühle?

Gefühle haben für uns verschiedene existenzielle Funktionen:

Sich lebendig fühlen

Gefühle als Informationsquelle

Gefühle können unsere Wahrnehmungen und Konzepte bestätigen.
Unsere emotionalen Reaktionen auf Menschen oder Ereignisse können uns Informationen über eine Situation geben. Gefühle können Signale dafür sein, dass etwas geschieht.

Gefühle als Handlungsantrieb

Gefühle motivieren unser Verhalten. Die Motivation zum Handeln ist oft fest mit bestimmten Gefühlen verbunden.
Gefühle bereiten uns auf das Handeln vor.
Gefühle bringen uns dazu, in wichtigen Situationen rasch zu handeln.
Intensive Gefühle helfen uns, Hindernisse zu überwinden - Hindernisse in uns selbst oder in der Umgebung.

Gefühle als Kommunikationsmittel

Durch Gefühle kommunizieren wir mit anderen Menschen, und wir beeinflussen andere mit ihnen.
Gefühle sind eng mit dem Gesichtsausdruck verbunden. Bei Naturvölkern und bei Tieren haben Gesichtsausdrücke die gleiche Funktion wie Worte.
Auch in modernen Gesellschaften übermittelt die Mimik Botschaften schneller als Worte es tun.

Ob wir es wollen oder nicht, jedes Mal wenn wir Gefühle ausdrücken, beeinflussen wir andere Menschen.

Ziele der Emotionsregulation

Bei der Emotionsregulation geht es um folgende Ziele:

Gefühle beobachten, beschreiben und in ihren Bedeutungen und Auswirkungen verstehen lernen.

Emotionale Verwundbarkeit verringern und positiven Gefühlen mehr Raum geben.
Emotionales Leiden vermindern.

Warum zieht mir der Anblick einer weissen Lilie die Beine weg?

Es ist eine wunderschöne Pflanze mit sehr, sehr schönen Blüten. Ich liebe dieses reine Weiß. Und trotzdem laufen die Tränen und ich bin vollkommen durch den Wind. Immer wieder kommen dann die trüben Gedanken und wollen mich zum Selbst-Verletzen verführen. Ich kann mir einfach nicht mehr selbst vertrauen. Die Tage habe ich lange mit einem

Freund darüber geredet, wir versuchten nachzuspüren warum meine, doch mir bekannten, Tiefschläge mich dann immer wieder so hinunterziehen. Ich bin einfach zu nichts zu gebrauchen! Muss mich regelrecht zwingen aufzustehen. Jeder normale Handgriff macht mir Schwierigkeiten. Duschen, oder allgemein die Körperpflege, alles muss ich mir in Zettel aufschreiben und aufhängen, damit ich nicht vergesse mich unter der Dusche auch zu waschen. Immer wieder muss ich mir die Uhr stellen, damit ich das Essen und Trinken nicht vergesse. Ich getraue mich schon wieder nicht ins Bett zu gehen, weil ich doch wieder von wüsten Träumen wach werde. Jetzt ist es schon so lange her und doch erlebe ich den Unfall mit Todesfolge immer wieder aufs Neue. Ich kann mich auf nichts konzentrieren und wenn ich mich zu einer Arbeit aufraffen kann, kostet es mich eine irrsinnige Kraft, diese Arbeit auch bis zum Schluss durchzuführen. Mein Haushalt, meine Hobbys, einfach alles bleibt auf der Strecke. Ich die ich so gerne Fotos mache, muss mich jetzt dazu zwingen. Ok, meine Blüten hole ich mir schon wieder im Blumenladen, da ich mich mal wieder nicht aus der Wohnung traue. Bin ich denn schon wieder soweit, dass ich mich in eine Klinik begeben muss? Wie lange kann ich mich noch selbst steuern, ohne dass etwas passiert? Nachts bevor ich ins Bett gehe, schließe ich die Türe zur Küche ab, nachdem ich alle Messer und Scheren darin verbunkert habe. Ich habe eine irre Angst in eine Dissoziation zu fallen und mir dann etwas anzutun. Bekomme ich das selbst wieder in den Griff? Liegt es daran, dass es jetzt schon wieder die trübe, dunkle Jahreszeit ist? Jeder einzelne Schmerz den ich ertragen musste, kommt beim Anblick einer weissen Lilie wieder richtig plastisch nach oben. Verletzt mich wiederum aus neue. Bringt mich total aus der Spur und macht mich irr. Immer wieder falle ich in die Vergangenheit. Ich weiß doch ich lebe im Hier und Jetzt. Das Vergangene ist vorbei und lässt sich niemals mehr ändern. Doch die Gedanken, schweifen dann wieder in die Zukunft, sie kommen einfach, wird es immer so sein? Werde ich immer unter diesen vergangenen Schmerzen leiden müssen? Kann man das denn nicht wirklich in Ordnung bringen? 90 Bewerbungen habe ich in den letzten 2 Monaten geschrieben, und überall Absagen oder überhaupt keine Antwort bekommen. Sofort, mit jeder weiteren Absage, kommen die Gedanken. Was bin ich denn überhaupt noch Wert? Kann ich denn irgendwann einmal wieder mein eigenes Geld verdienen, oder werde ich mein Leben lang von der staatlichen Hilfe leben müssen? Ist das denn überhaupt noch ein Leben? Will ich das denn überhaupt noch so? Nein sage ich mir immer wieder, wollen tu ich das so nicht, doch sehe ich keine andere Möglichkeit. Es zerfrisst mich, lässt mir einfach keine Ruhe. Ich stehe derart unter Spannung, dass ich mich sogar auf alltägliches sehr stark konzentrieren muss. Nach wenigen Stunden bin ich geschafft und total erschöpft. Und doch überfällt mich die Lustlosigkeit. Ich stelle mir einen Wecker, damit ich einen geregelten Tagesablauf haben kann, und kann doch nichts mit mir anfangen. Doch jetzt bin ich wieder einmal vom

Thema abgeschweift. Die ganze Wohnung riecht nach dieser wunderschönen weissen Lilie. Sie belastet mich so sehr, doch ich kann sie einfach nicht entsorgen. Bekomme es einfach nicht überm ich, diese herrliche Rispe mit den 5 Blüten wegzuwerfen. Es kommt mir eines Frevels gleich, diese voll erblühte Rispe wegzuwerfen. Wenn ich sie jedoch behalte, rieche und sehe ich sie 24 Stunden am Tag. Ich weiß nicht ist es Trauer, oder Freude was ich dabei fühle? Da geht es dann schon wieder mit los. Wie fühlt sich Freude an? Wie Trauer? Kann ich denn überhaupt fühlen? Fühle ich richtig? Kann man denn auch falsch fühlen? Ich habe meiner Ansicht nach ca. 35 Jahre lediglich funktioniert und nicht gefühlt. Wie kann ich das lernen? Wo kann ich das lernen? Es ist ein Kloß im Hals, die Tränen rinnen ungefragt. Ständig bin ich müde und schlapp. Nicht einmal ein vorwitziger Vogel auf meinem Balkon, oder ihr singen kann mich erheitern. Dieser Tage habe ich ein Text gelesen.

…und die Frau, mir gegenüber, schaut sehr traurig. Ihre Augen sind leer, früher konnte man das Glück in Ihren Augen sehen. Ihre Haut wirkt blass. Sie presst ihre trockenen Lippen aufeinander.

SIE WILL SCHREIEN

Sie fängt an zu zittern, hat Angst. Sie schaut mich an und plötzlich rollt eine Träne über ihr Gesicht. Ich strecke meine Hand nach ihr aus, will die Frau berühren. Doch das einzige was ich spüre, ist der kalte Spiegel gegenüber von mir.

Mein erster Gedanke war, das bin ja ich. Denn dieser Text, zeigte mich in meiner momentanen Situation so vollkommen, meine tiefe Angst, meine riesige Trauer. Einfach mich pur. Und doch laufe ich immer wieder zu der Lilie. Ich stell sie auf den Balkon, weg aus meinem Sichtfeld. Doch dann tut mir die Blüte leid weil es draußen so stürmisch und igelig kalt ist. Also hole ich sie wieder rein. Dann weine ich darum, dass die Blüte hoffentlich keinen Schaden genommen hat. Und mit jeder einzelnen Träne kommen so irrsinnig viele hinterdrein. Die Gedanken laufen und lassen sich nicht mehr aufhalten. Sie drehen sich im Kreis und keiner ist da, der sie aufhalten kann. Ich selbst bin leider nicht mehr in der Lage dazu. Doch eine Klinik hat erst in Wochen einen Platz für mich frei. Ich habe wieder Angst, habe wieder große Angst um mich selbst. Sicher, es heißt, es ist doch toll dass du weißt dass du Angst um dich hast. Das hält dich doch vom letzten Schritt wieder ab. Nur was passiert wenn ich in eine Dissoziation falle? Also passe ich auf, hab immer eine Kugel bei mir, immer etwas in der Hand was mich im Hier und Jetzt bleiben lässt. Es ist in einer Woche wieder soviel neues und bedeutendes passiert.

Bücher die mich bei meiner Gesundung unterstützten, begleiteten, & durch die ich unheimlich viel für
mich und mein Leben lernte

.. Liebe dich selbst, und es ist egal wen du Heiratest – Eva-Maria Zuhorst ISBN:3-442-33722-4

.. Mut zum Ich - Mathias Jung – ISBN: 3-423-34116-5

.. Miteinander Reden Band 1-3 - Schulz von Thun ISBN: 3-499-60545-7

.. Lass dich nicht leben – lebe - Verena Kast ISBN: 3-451-05314-4

.. Trotz allem ich – Verena Kast – ISBN: 3-451-05641-0

.. Leben im Jetzt – Eckhart Tolle ISBN: 3-442-33680-5

.. Lebenskunst; Wege zur inneren Freiheit Ausbruch zur inneren Freiheit – Peter Lauster ISBN: 3-499-62042-1

.. Sag nicht Ja, wenn du Nein sagen willst – Fensterheim/Baer – ISBN: 3-442-11297-4

.. So bekommst du, was du willst, und willst, was du hast – John Gray – ISBN: 3-442-16590-3

.. Tu was! – Fiona Harrold – ISBN: 3-453-70041-4

.. Der Weg zur inneren Freiheit – Robert Hartzema – ISBN: 3-8251-7483-2

.. Was bei Schmerzen hilft – Stein Husebø – ISBN: 3-452-05131-1

.. Leben auf der Grenze – Erfahrungen mit Borderline – Andreas Knuff (Hg) – ISBN: 3-

88414-316-6

.. Authentisch leben – Erich Fromm – ISBN: 3-451-05691-7

.. Die Kunst des Liebens – Erich Fromm – ISBN: 3-548-36784-4

.. Vom Haben zum Sein – Erich Fromm – ISBN: 3-548-36775-5

.. Die Furcht vor der Freiheit – Erich Fromm – ISBN: 3-423-35024-5

.. Allgemeine Psychologie – Bestellnummer: 706 5540

.. Psychologische Grundlagen der Persönlichkeitsentwicklung im pädagogischen Prozess – ISBN: 3-06-242617-9